苏格拉底

认识你自己

Gnôthi seauton

日耳曼
通识译丛

古代哲学

从前苏格拉底哲学家
到奥古斯丁

〔德国〕克里斯托夫·霍恩（Christoph Horn）著
林晓萌 译

上海三联书店

献给安娜和莫里茨

目　录

前　言 / i

第一章　开端：
对世界的哲学阐释是如何开始的 / 1

第二章　公元前5世纪：
雅典全盛时期的哲学 / 27

第三章　古典哲学：
柏拉图与亚里士多德 / 45

第四章　希腊化哲学：
不止于对生活实践的争论 / 77

第五章　罗马哲学：
翻译的成就 / 97

第六章　帝国时代和古典时代晚期：
异教和基督教柏拉图主义 / 117

古代哲学纪年 / 139

参考文献 / 145

译名对照表 / 156

前　言

如果要为古代哲学准确断代，那么可以说它始于公元前585年，结束于公元529年。第一个年份的确定，是因为我们所知的第一位哲学家——米利都的泰勒斯——在这一年预测了日食。第二个年份的确定，则是因为查士丁尼皇帝在这一年下令关闭了罗马帝国的最后一所非基督教哲学学校——雅典的新柏拉图主义学院。如果接受这一年代划分标准，那么，古代哲学大约涵盖了1100年的时间跨度。这一时期是哲学史上最丰富多变的阶段之一。在古希腊人之前，哲学思想在地中海地区从未出现过，甚至可能在世界上的任何地方都不曾存在过（后者取决于人们对“哲学”的确切理解）。雅典学院关闭之后，虽然哲学思想依然存在，但在几个世纪的时间里，这些哲学思想极大程度地受制于基督教会权威所控制的机构。

不可否认，这种断代方式是有失精确的。一方面，应当强调，古代哲学的开端不能仅仅追溯到泰勒斯一人。在荷马和赫西俄德身上，就已经可以见到神话、宗教式的思维方式向理论化世界阐释的思想转变。这一转变是一个复杂的过程，泰勒斯在其中发挥了重要作用，但他并不是唯一的发起者；另一方面，人们不应忘记，在基督教化的欧洲和伊斯兰教化的近东地区，哲学依然保有其地位。哲学作为一种教育资产被保留了下来，同时也在事实上得以存续。即便是在被西方称为“中世纪早期”、在东方被称为“拜占庭早期”的缺少丰富有趣的研究成果的那几个世纪中，哲学的发展依然保持着基本的连贯性。

精准断代的困难导致出现了本书在写作中时常面临的一个问题：很多问题必须以一种比实际情况更为简单明了的方式呈现出来。很显然，对于如此纷繁复杂的内容，一本介绍性读物有限的篇幅仅能勾画出基本的轮廓。尽管如此，本书仍然希望在有限的空间中展现出古代哲学的智识魅力，而不是仅仅局限于对它的浓缩提炼。

安娜·施里夫尔博士对本书提出了多处修改建议，

马尔特·库弗斯完成了本书的索引部分，[①]安娜和莫里茨也提供了帮助。在此，我向他们表示感谢。

克里斯多夫·霍恩

2012 年 3 月于波恩

① 即本书的“译名对照表”。——译注

第一章

开端：
对世界的哲学阐释是如何开始的

大约公元前 6 世纪纪初，在今天土耳其的爱琴海沿岸、小亚细亚的希腊人聚居区，一位耀眼的人物——米利都的泰勒斯，拉开了古代哲学的序幕。泰勒斯是一位天文学家，同时也是数学家、工程师、博物学家和政治家。尤为独特的是，他是尝试对现实世界作出**哲学**解释的第一人。

让我们一一细数这些成就。作为天文学家，泰勒斯预测了公元前 585 年的日食，因而名声大噪。作为数学家，他研究三角学，进行了各种计算，其中包括埃及金字塔的高度。此外，他还为水手们写了一本航海手册。

他被视为一位工程师，因为他曾经使河流改道，从而让一支军队继续行进。作为博物学家，泰勒斯曾经针对埃及尼罗河定期泛滥的问题展开研究。一个人能在如此众多的领域取得出色的研究成果，是极其不寻常的。事实上，泰勒斯在他的时代就已经是一位传奇人物了，作为学者更是声名远扬。作为古代道德和人生观最重要的倡导者之一，他当仁不让地成为"七贤"之首，与庇塔库斯、毕阿斯、梭伦、克莱俄布卢、迈森和奇伦齐名[①]。根据亚里士多德讲述的一则逸事，泰勒斯甚至还是一位聪明的商人：据说，他曾在橄榄丰收之前及时买下了所有的榨油机，然后高价出租，以此证明哲学家也是可以赚钱的（《政治学》I.11）。在广为人知的另一则逸事中，泰勒斯则显得有些不谙世事：一天晚上，泰勒斯正在仰望天空，一不小心踏进了一口井里，引得一旁的色雷斯女仆哈哈大笑（柏拉图《泰阿泰德篇》174a）。女仆用笑声表达了一种**常识性**的怀疑——因为思想太过崇高，哲学家们无法适应日常生活。

泰勒斯在哲学上的最重要的成就，则是他试图将人们在经验中认知的现实表象追溯到一个基本的原则。对泰勒斯来说，"万物由水构成，从其中产生，最后在其

① 七贤具体是哪些人存在争议。——译注

中消亡，其本质得以持续存在，只有性质发生了改变”［参见希尔曼·迪尔斯和沃尔特·克兰兹《前苏格拉底哲学家残篇》（*Fragmente der Vorsokratiker*）11A12］。据亚里士多德所言，泰勒斯的观点是，世界上的所有事物都是由水分化而来的。在亚里士多德看来，泰勒斯是“这一类哲学的鼻祖”，即认为所有存在的事物都可以追溯到基本原理（archê）或元素（stoicheion）的思维方式。认为一切事物都应由一个原则来解释的理论被称为解释一元论。泰勒斯的解释一元论的特点是为之提供支持理据。为了解释“水是万物本原”这一说法，他指出，所有生物的食物都是含水的，同时，长出它们的种子也是湿润的。他还认为（尽管是错误的），陆地是漂浮在海面上的。

尽管做出了种种创新，泰勒斯的解释一元论与人们所习惯的神话和史诗的解释方式并没有彻底的不同。认为哲学产生于无物的想法是不正确的。荷马，尤其是赫西俄德，在他们的史诗中同样以一种基础性的方式提供了对世界的解释。赫西俄德在《神谱》中讲述世界起源于混沌（即空的空间与深渊），原始神夫妇乌拉诺斯（天空之神）和盖亚（大地之神）诞下了未来的几代神，最终也产生了有死的造物。显然，泰勒斯的解释一元论在某些方面与赫西俄德的方式相似。与赫西俄德不同，泰勒斯既没有动用人性化的神力，也没有触及传统的叙事材料。他以论辩为工具，依据物质和自然的原则来解释世界。这与他所表达的“万物皆有神”（alles voll von Göttern,《前苏格拉底哲学家残篇》11A22）的观点并不矛盾。这一论点并不意味着他延续了神话的认知观，而是将整个宇宙视为一个活的有机体。举例来说，泰勒斯认为磁铁是“有灵的”，因为磁铁显然符合自我运动的原则，并对铁有吸力。

泰勒斯开创的哲学形态，作为一门独立的实践学科，延续了一种许多人（甚至是所有人）共有的思想倾向，即向自己提出关于他们自身生活和周围世界的基本问题，并用理论的方式进行回答。人们发现哲学竟是如此吸引人，因而开始接纳哲学、传承哲学。继泰勒斯之后，在公元前 6 世纪和前 5 世纪间从事哲学研究的群体通常被统称为“前苏格拉底哲学家”。这一归类方式是值得怀疑的，因为在苏格拉底之前，和泰勒斯有着相似冲动的哲学家们彼此之间鲜有交流。在他们延续哲学事业的过程中，特别之处在于，他们所从事的并非重复性工作，而是各自以能够为己所用的方式展开研究。每位哲学家都另起炉灶，找出前人阐释中令之信服的部分，同时也指出他认为错误的部分，以及在他看来恰当的解释世界方式。

毫不奇怪，这类理论在泰勒斯的家乡米利都率先活跃了起来。至少我们发现了第二位米利都的哲学家阿那克西曼德，他在空间上、兴趣点上都与泰勒斯十分接近，以至于人们确信，他受到了泰勒斯的直接影响。根据我们对阿那克西曼德生平的了解，公元前 546 年他已经 64 岁了。阿那克西曼德认为，“原则和元素是无限定的”，阿派朗（apeiron）是永恒的，是无限大的，是没有固定性质的（关于阿派朗，见《前苏格拉底哲学家残篇》12A1、9–12）。阿那克西曼德所考虑的可能是，产生出一切在时间上相继发生事物的事物，其本身必定是没有起源的。同样的，根据属性区分一切事物所依凭的事物，本身必定是超越对立性的。世界上的事物，有的温暖，有的寒冷，有的干燥，有的潮湿，但阿派朗没有这些特征。值得注意的是，第一篇流传下来的逐字记录的希腊哲学文本便是阿那克西曼德作的（关于泰勒斯的研究，流传下来的只有来自他人的记述）。这一文本片段收录于后古典时代晚期作家辛普利修斯的一篇文章中：

孕育出存在者的源泉，也将接纳它的消亡，

“这是必然会发生的；因为两者会根据时间的顺序惩罚、报还其过错”，正如他以这种充满诗意的语言所表达的。

逐字记录的文本仅限于引号内的文字。阿那克西曼德在此处将事物发展的时间顺序描述为一种正义，实体的消亡被视为为其错误（不正义）所付出的代价。他此处所说的不正义究竟指什么？或许是**作为个体**存在的事实？至少，这一片段指明，需要一种用以解释事物是如何相继由阿派朗中产生的理论。就此而言，时间似乎是一种包罗万象的宇宙正义，能使一切遵循严格的必然性而相继发生。

阿那克西曼德也延续了泰勒斯的自然科学技术研究的一面。在预测地震和日食、解释气候现象等方面，他有着浓烈的兴趣。据说他还将日晷（Gnomon）——一种用于测量太阳位置的标杆——引进了希腊。此外，他还绘制了“人类居住世界全图”，即第一张世界地图［《前苏格拉底哲学家》（*Die vorsokratischen Philosophen*）98］。他认为陆地表面可以用数学的方式进行描述，并认为地球是圆柱形的，且其“深度应是宽度的 1/3”。

来自米利都的第三位学者是阿那克西美尼。可以确知，他是阿那克西曼德的学生。阿那克西美尼认为气（aêr）是万物之源，湿、干、暖、冷等基本特质（以及相应的水、火和土）由气中衍生而来。例如，人的嘴产生的暖空气，是通过嘴唇压缩气流产生的。对于阿那克西美尼来说，诸如降雨等引人注目的天气现象显然也构成了其理论合理性的佐证：天空中凭空冒出大片云朵，导致雨水落在地上，这便是彰显了气的生成性力量。

前苏格拉底哲学家中最难解的一位无疑是赫拉克利特（约前 520—约前 460）[①]。在古代，其作品的晦涩难懂就已是众所周知的了。流传下来的约 120 个残篇来自他写的唯一一本书，大多是言简意赅、格言般的短句。这些短句给人的第一印象是，其背后一定是一位富有原创性、神秘且难以捉摸的作者。赫拉克利特的文字总是充满悖论，往往是多义且富有画面感的，包含着丰富的隐喻。从柏拉图开始，人们对赫拉克利特的解读千差万别。赫拉克利特似乎有意选择了一种语义模糊的表达方式，好让那些对他的哲学思想不够理解的读者无从下手。事实上，从我们掌握的少量对赫拉克利特生平的记述中可以看出，他是一个极端的精英主义者。

赫拉克利特的一生都在离米利都不远的爱奥尼亚的

① 一说约前 540—约前 480 与前 470 之间。——编注

以弗所度过。因此，他受到米利都学者的影响是可想而知的；不过，他将自己描述为一个独立的自学者（《前苏格拉底哲学家残篇》22B101）。赫拉克利特自然是读过所有他能接触到的作者的作品，但他与他们有着明显的不同。这在他拒绝“博学”（polymathiê）这一点上就能体现出来，在他看来，这对真正地理解世界毫无帮助（22B40）。据说，他认为人类的想法只是“儿戏”（22B70）。

他的书既没有专注于单一的主题，而是同时处理原理理论、宇宙学、宗教哲学以及政治伦理学等问题，同时也没有呈现出思想的连续性，幸存下来的片段仅是一些可以串联在一起的警句。柏拉图和亚里士多德就已提出过一个问题：赫拉克利特是否违背了应当避免矛盾的原则？如果确实如此，那他是否在借此证明世界的悖论性？如此一来，赫拉克利特就应被视为一个非理性主义者或神秘主义者。他本人似乎曾为对立统一性做出辩护（22B12），这一事实支持了上述论点。柏拉图将他视为一个激进的流变理论家，即声称一切都处于永久的变化状态，因此，人们无法认知世界上任何固定不变的事物（22A6/B49a）。

然而，这一观点在今天一般被视为对对立统一学说的误解。河流片段所指或许并不是一种原则性的相对主义，因此，赫拉克利特不必被视为非理性主义者。相反，以下这则残篇是更贴近于赫拉克利特哲学思想核心的："如果你们不是听了我的话，而是听了逻各斯（Logos）的，那么承认'一切是一'就是智慧的。"（22B50）可见，世界被视为一个统一结构的整体。因此，世界为一的观点或许应当从以物质为导向的一元论角度来理解，即一切皆为火。可以确知的是，在赫拉克利特看来，世间万物都是这一元素的表象（22B30）。

赫拉克利特的一个重要动机是，绝大多数人对他所认定为真理的东西视而不见或是毫无知觉。他阐明了这种认知的缺乏，尤其是针对一个问题，即如何将世界上对立的事物理解为包罗万象的统一整体的外在表征。对此他这样说（22B51）：

> 他们不了解相反者如何相成：对立的和声，如同弓与竖琴。

赫拉克利特此处类比的重点或许在于，木弓必须与竖琴的弦处于字面意思上的"紧张"关系，才能发出声音。对立面的存在并不构成对统一的世界观的阻碍，反而是其生产原则有效性的外在表征。在另一则残篇中，赫拉克利特将战争（polemos，即对立面的冲突）描述为“万物之父”和“万物之王”（22B53）。赫拉克利特在另一则针对该主题的短句中指出，海中既有最干净的水，也有最脏的水，因为对鱼来说，海水可以饮用，且能维持生命，但对人来说，海水非但不能喝，还是有害的（22B61）。除了生存环境的对立，判断的相对性（甲是可以饮用的，乙是有害的）在此处也是显而易见的。相反的特征可以描述同一个对象，这并不意味着对世界进行一致性的描述是不可能的。

在正确行动和美好生活方面，赫拉克利特的这一句话有着最为重要的意义（22B112）：

谨慎是最大的美德。智慧在于聆听自然，并依照符合其真理的方式说话、做事。

在这里，赫拉克利特表达了一种理论上的人生理想：通过倾听和理解世界的统一原则，获得一种超越对立的智慧。在此，规范性的自然概念首次在希腊哲学中出现；顺应自然的生活方式（kata phinsin）即将成为古典和希腊化伦理学中得当的生活方式的核心准则之一。

在赫拉克利特看来，在某种程度上，正是我们自身洞察力水平的高低决定着我们的命运。“人的性格就是他的精灵。”（22B119）如果将此处的精灵视为一位神圣的守护者，那么这句话所表达的就是，每个人都应为自己的幸福或不幸负责，这是由性格所决定的。

在远离哲学诞生地爱奥尼亚的意大利，一个重要的新篇章开启了，那就是爱利亚学派。爱利亚小镇（今天的韦利亚）位于意大利南部，也就是现在的萨莱诺省。爱利亚人首推一种新型的逻辑概念推理，试图为他们的立场给出令人信服的理据。这个学派中，最核心的三个人物分别是巴门尼德、芝诺和麦里梭。巴门尼德的老师、科洛封的色诺芬尼或可视为这一学派的先驱。

色诺芬尼（约前570—前475）[①]哲学的主要旨趣在于一种对宗教哲学的修正方式。普遍接受的传统观点认为存在众多神灵，而色诺芬尼则认为只有一位神，或者更准确地说，众神中有一位最伟大的神（单一主神论）。色诺芬尼使用了一个间接的论证来支持这一观点，该论证在日后的宗教批评中占据了一定的地位：诸神及其属性是拟人化的投射。色诺芬尼反对荷马和赫西俄德的史诗，在这些史诗中，众神以偷窃、通奸和欺骗的形

① 一说约前565—约前473。——编注

象示人。他否认众神是受孕出生的，以及他们也穿衣服、发声音或有身体的想法。他还批判性地指出："埃塞俄比亚人说他们的神是塌鼻子和黑皮肤的，色雷斯人说他们的神有淡蓝色的眼睛和红色的头发。"色诺芬尼还说，如果牛、马和狮子能造神，那么它们就会创造出牛、马和狮子模样的神。他所说的"最伟大"的神"在身体和精神上都与凡人不同"。最重要的是，他将神定义为一种思考着的精神性存在，"他整体地看，整体地想，整体地理解"（《前苏格拉底哲学家》168—172）。

爱利亚学派的核心人物是巴门尼德，他的生平年代约在公元前515年至公元前445年。巴门尼德已是公元前5世纪的人，在柏拉图的一部文学作品中，他以老人的身份与年轻的苏格拉底相遇，这一事件历史上也并非不可能发生。巴门尼德的哲学立场很难解读：他或许主张形而上学的一元论，即只有一个单一实体的观点，但也可以就他的观点进行不同的解读。巴门尼德的哲学仅流传于约160节六步格诗（Hexameter-Verse）中，来自一首最初可能包含800节的说教诗。这首诗由序言（"引言部分"）、一段坚定果决的论断（"真理部分"）和一个批判性、颠覆性的段落组成，其中驳斥了人们通常持有的意见（"意见部分"，希腊语中doxa意为"意见"）。

这首诗以一个引入的场景开篇，描写作者乘坐着马车前往女神处，从而以启示的方式展开论述。随后，巴门尼德在这首诗的论断部分借女神之口表达的论点是，存在者存在（eon），非存在者不存在。通过论述人对事物只能断言“存在”或“非存在”之一，他论证了这一点，因为一个人不能同时坚称两者。他进一步解释道，非存在者既不可识别也不可言说。由于“非存在”不再可行，因此只有“存在”的路径仍然存在。巴门尼德所谓的存在者不能不存在是什么意思？显然，这里在声称某些事物的必要存在。然而，究竟哪些实体是必然存在的，仍然悬而未决。巴门尼德以存在者的特征（sêmata）进一步论证（《前苏格拉底哲学家残篇》28B8）：“存在者不是产生出来的，也不能消灭，它是唯一的、静止的，它既不在过去也不在未来，因为它同时作为整体、作为一、作为连续者存在于现在。”此外，它“各个方向都是完满的，如同一个浑圆的球体”。在这首说教诗的意见部分，巴门尼德转向了“表面的”意见。巴门尼德在这一篇章中以“非存在”为主题，在这一领域只有讨论概率是可能的。意见部分阐述了一种宇宙论，其中，世界被描述为一个球体。由此可见，在巴门尼德看来，人们可以对我们的经验世界作出有意义的哲学论述。

一方面，巴门尼德对存在者的属性给出了否定性的判断：它既不是时间上的，也不是可变化的。另一方面，他也提出了一些肯定性的论断：它是一，是均质的、理想的球体。这是否一种对神圣的绝对的描述？或许是可能的。不过，更合理的假设是，巴门尼德只是在说，思想中可知的世界并不等同于我们感官体验到的变化的世界。由于他认为“思想的对象和存在是同一的”，且可变性是不可想象的，他得出结论：只有相同不变者才是真实的。从巴门尼德的根本关切可以看出，他似乎并不认同他的哲学前辈的观点，即我们感知的经验世界是真实的存在。

巴门尼德的论述中存在的明显缺陷是，它有着过于强烈的反直觉、反表象特征。我们是否应该接受我们生活的世界并不存在？另外，对多样性和可变性的拒绝有着某种智性上的迷人之处：几乎所有公元前 5 世纪和前 4 世纪的哲学家都试图以某种方式应对巴门尼德的挑战。

巴门尼德的弟子芝诺似乎用一系列结构良好的间接论据来支持了老师的观点。这些论据归结为一点：理论上，运动和变化是不可能的，时间和空间也不可能割裂地延伸。我们对芝诺生平的了解仅来源于柏拉图的《巴门尼德篇》的第一部分。可以合理推测，他生于公元前490年左右。芝诺试图展示，非巴门尼德式的世界观是荒谬的。据说，他提出了大约40个“多”的悖论，以表明假设多、差异、运动和变化的存在会导向矛盾。在辛普利修斯记录的芝诺原本中，只有两个论证流传了下来；亚里士多德记录了另外七个悖论，并予以反驳。

可以确知的两个悖论是“二分法论证”和“有限量论证”。“二分法论证”试图证明“多”的存在是悖谬的，因为，一方面，“多”必是有限的，即必须以精确的数字来描述，既不能更多，也不能更少，只能包含准确的有限量；另一方面，“多”的存在也必是不定的，因为存在的实体间必然有其他事物，这些事物间又有其他事物。然而，这样一来便产生了矛盾。“有限量论证”指出，如果“多”存在，那么它是没有外延的。但是，如果多是由无大小、无外延的实体组成的，则其实体不会因事物的增减而改变；如果一个事物，将其增添或移除于某物，却对该物不造成任何改变，那这一事物必然是无。这两个论证背后“多”的含义都是模糊的，既可以是离散的“多”，也可以是连续的“多”。

比起这些以古典措辞写就的论证，芝诺的另外三个与运动现象有关的悖论更为人所熟知：阿喀琉斯和乌龟、飞矢不动，以及体育场悖论。

阿喀琉斯和乌龟：只要阿喀琉斯后于乌龟起跑，这位史诗中勇敢的英雄和迅捷的奔跑者便永远追不上乌龟。因为，每当阿喀琉斯到达乌龟在 t1 时刻所在的位置 S1，乌龟就已经前进到了位置 S2，而阿喀琉斯 t2 时间点才能到达该位置，因此，他永远追不上乌龟。（这当然不是真的。）

飞矢不动：弓射出的箭在空中静止。因为，时间是由时间点组成的，在每个时间点上，箭都停留在空中的某个确定位置。（这也是错误的。）

体育场悖论：如果一个体育场内，两个数量相等的队伍以相同速度朝不同方向运动，即会得出一半的时间（队伍相对运动的时间）与全部时间（队伍相较起点移动的时间）相等的结论。

这些论证的首要价值在于，指出了观念中对离散量和连续量概念的混淆所造成的困难。

毕达哥拉斯学派是继爱利亚学派之后的意大利第二大哲学流派。来自爱琴海萨摩斯岛的毕达哥拉斯在公元前 530 年左右移居意大利南部。他在克罗顿创建了一个学派，遵从他的精神，可称之为“秘密社团”或“男子联盟”。这一学派研究哲学和科学，也怀揣着宗教目标和政治抱负。毕达哥拉斯主义从克罗顿传播到意大利南部的几个城市，然而秘密社团的统治受到了这些城市非毕达哥拉斯主义居民的猛烈反抗，因而这场运动最终以“公元前 450 年的惨案”[①]告终。

这个社团最重要的特点是，只在内部传授毕达哥拉斯的教义，严格保密。此外，毕达哥拉斯没有留下任何著作，因此，我们只得寻求后期的资料来源，其中，毕达哥拉斯学派作家菲洛劳斯（大约生于前 470 年）最具代表性。他在著作中毫无保留地呈现了毕达哥拉斯的教义。此外还可以寻求古典时代晚期的相关记述。遵从权威的运作原则也是毕达哥拉斯学派的特点之一。神圣的毕达哥拉斯规定了教义的内容，并以“他本人曾说”（autos epha）的固定句式在学生之间流传。此外，学派内部设置了循序渐进的教育计划，即课程。初学者被称为“声闻家”（Akousmatiker），只能旁听课程。他们主要学习须严格遵守的行为准则，以免“玷污”自己的灵魂。这些规则中，有些是相当具体的，但对今天的我们来说却显得很怪异：要避开繁华的街道，不能用刀生火，不能

① 大约在公元前 450 年，一场由 50 到 60 名毕达哥拉斯学派成员参加的集会受到了镇压，几乎所有在场的人都被杀了。——译注

面对着太阳小便，穿鞋要先穿右脚，洗脚要先洗左脚，不许吃肉，不许吃豆子，等等。但是从根本上来说，这些规则是基于毕达哥拉斯哲学的，比如，素食主义是基于人类灵魂会转世进入动物身体里的思想。

毕达哥拉斯的哲学立场可以理解为对巴门尼德一元论的反应。毕达哥拉斯区分了两个层次的现实，一个层次是恒定不变的实体，另一个层次是我们的经验世界。毕达哥拉斯所说的不变者是指第一原则，即一（hen）、无限以及数字。通过“吸入”无限，“一”中产生了万物。数字在某种意义上被视为存在本身，因为，其预演了现实中所存在的一切。比如，数字 4 被解释为“正义”，因为它可以表现为 2 × 2。数字 10 在毕达哥拉斯主义中扮演着特殊的角色，因为，它可以通过前四个自然数的相加得到：1+2+3+4。这所谓的“四位十全”（Tetraktys）几乎具有宗教性质的功能。例如，毕达哥拉斯假设，共有十个天体存在。

毕达哥拉斯对数学研究也很感兴趣，尤其是在发现简单、符合直觉且和谐的关系时。“毕达哥拉斯定理”：直角三角形中，两直角边分别构成的正方形面积之和等于斜边构成的正方形面积，据说也是由他本人发现的。在“应用数学”中的音乐理论领域，毕达哥拉斯学派也享有盛名。他们观察到，基础的声学和声，如八度、五度或四度，可以通过弦长为整数比例的乐器来演奏出来。八度音的比例是 2:1，五度音是 3:2，四度音则是 4:3。毕达哥拉斯将音乐引入了数学的秩序，并且，记录表明，他发明了三个调式：全音调、半音调和等音调。他得出结论，整个世界都可以用简单的数字比例来描述，并断言，这些比例产生了可听到的“天体和声”，即世界之声，并声称他本人可以听到。然而，毕达哥拉斯以数学为世界解释原理的热情也带来了不利的一面，并使学院陷入了严重的危机：众所周知，如果等腰直角三角形的直角边长度为 1，则其斜边长度为$\sqrt{2}$。因此，显而易见，整个世界皆可以用整数比例呈现的假设是错误的。

毕达哥拉斯学派之所以具有广泛的影响力，正是因为其深奥的特征。到了古典时代晚期，许多作者再次称自己为毕达哥拉斯主义者（我们称之为“新毕达哥拉斯学派”），他们将毕达哥拉斯描述为一个神人，并将所有关于世界的基础知识都归功于他。因此，在描述前苏格拉底的毕达哥拉斯主义时，必须特别小心，不要从古典时代晚期进行柏拉图式的倒推。

另一位意大利哲学家是恩培多克勒（前 483/ 前

482—前 424/ 前 423）[①]。他来自西西里岛的阿克拉加斯（现为阿格里真托），或许与毕达哥拉斯学派有所关联。恩培多克勒写有两部说教诗《论自然》（*Peri Physeôs*）和《洗心篇》（*Katharmoi*），两部作品都有残篇留存。第一首诗涉及自然哲学问题，尤其是宇宙起源（宇宙进化论）和生物起源（物种起源论）的问题。第二首诗讲述了人类灵魂的命运。斯特拉斯堡新发现的纸莎草纸残片［马丁、普力马韦西《斯特拉斯堡的恩培多克勒》（*L'Empédocle de Strasbourg, Introduction, Édition et Commentaire*）］表明，这两部诗作亦有可能归属为同一部作品。

在人们传统上归为《论自然》的一些段落中存在一种理论，即所有事物都是由火、土、气和水这四种物质元素组成的。这四种元素是基础性的，因为，它们分解后的产物总是相同的；它们是“同质的”（homoiomer）。将一定量的水分成两部分可以得到两份水，相反，将一棵树锯成两半并不会产生两棵树。此外，还有爱（philia/philotês）和恨（neikos）或冲突这两种基本力量（《前苏格拉底哲学家残篇》31B17）。在这两种基本力量的作用下，使得各种元素彼此连接或相互分离。因此，我们

① 一说前 495—约前 435。——编注

所感知到的生与灭，也不过是不同元素在基本力量的作用下的结合或分离。与毕达哥拉斯一样，恩培多克勒的理论也可以理解为对巴门尼德所提出挑战的回应。恩培多克勒同样描述了一种表象世界背后稳定不变的终极实在。其中，爱或恨在永恒的循环中生生不息。在爱为主导的时候，万物都处于一种完美的和谐关系中，各种元素都处于最佳的组合状态。相反，当恨作主导时，万物都会陷入紧张的关系。

恩培多克勒的宇宙在时间上是无限的，但在空间上是有限的。根据一种较早的解释，爱与恨主宰的时期经常相继出现：一旦爱实现了元素的完全和谐混合，一个“球体”就出现了（即一个球形的、神圣的宇宙理想范式，31B27），恨开始获得力量，将元素的秩序降到最低限度（31B35）。在这种状态下，元素被分为完全相互独立的群体，直到爱再次占据至高无上的地位。根据近来的一种解释，爱与恨的主导时代往往交织在一起，因此，可以假设，两种基本力量的互动是更为复杂的。人们可以将生物的出现（物种起源）理解为爱占主导地位的阶段，但恨也并非完全不存在。无论如何，很明显，恩培多克勒想要区分生物形成的四个阶段。第一，有机物质（如肉和骨头）的形成，然后是身体各部分的形成。第二，这些身体部位结合形成一种半人半怪的结合体，例如，牛头怪（一种由人的身体和牛头组成的生物）。第三，此后产生了生物，一部分是植物，另一部分是动物和人类；但是，这些生物尚不分性别，也不能发出声音。第四，二元的性别在各个物种中产生，雄性与雌性通过有性繁殖产生后代，并在家庭中承担不同的角色；直到此时，昼夜阶段的区分才出现。尽管在现在的我们看来，恩培多克勒的“进化论”可能显得有些古怪离奇，但是人们经常将之与现代的方法尤其是查尔斯·达尔文的理论相提并论。事实上，它与达尔文主义也不无相似之处。

《洗心篇》以自传的形式讲述了关于人类灵魂的命运的问题。恩培多克勒在这里将自己描述为一种神或魔，由于罪恶感而被驱逐出幸福的灵魂世界。此外，他还提出了轮回学说，根据该学说，堕落的灵魂在死后须在其他躯体中一次又一次地轮回，它所占据的躯体可以属于人类，也可以属于动物或者植物。基于轮回理论，恩培多克勒不仅证明了素食主义的合理性，还惊人地提出了禁止宗教动物献祭的主张（31B128/137）。禁止屠杀动物，就是在保护轮回的人的灵魂。恩培多克勒的观点的有趣之处同时在于，他认为，从自然意义上讲，杀害动物是非法的，尽管这在当时社会的法律背景下是被允许的。这是一种对自然法则思想的有趣假设。然而，最重要的是，《洗心篇》表明，恩培多克勒的思想是接近于毕达哥拉斯主义和俄耳甫斯神秘主义的。

以上便是古代哲学最早的代表人物。但他们真的将自己所做的事情称为“哲学”吗？当然不是。然而，要确定“哲学”的来源及其原始含义并不容易。但终归，这个词是由两部分组成的，即 philein（获得、爱、争取）和 sophia（智慧、可靠的知识）。希罗多德在《历史》中最早提及了这一词，梭伦在雅典完成立法后开始了一场没有明确目的的教育之旅——“作为知识之友（philosopheon），为理论而旅行”［参见沙德瓦尔特《希腊人哲学的开端》（*Die Anfänge der Philosophie bei den Griechen*）12f.］。根据沙德瓦尔特的解释，“哲学家”（philosopho）一词最初是指喜欢获取知识的人，追求那些理论性的、无目的的、基础性的知识。在《会饮篇》中，柏拉图对这个词给出了另一种解释，认为哲学家就像爱神厄洛斯，是介于人类世界和神的世界之间的存在，因为其虽然不具备智慧，但仍然为之奋斗（204a-b）。这种解释被普遍地误认为是哲学的标准解释。

沙德瓦尔特对哲学概念的推导在原则上与西塞罗记

述的一则逸事非常吻合。在这则逸事中，毕达哥拉斯作为“哲学家”一词的发明者出现。但是，毕达哥拉斯并没有用它来描述那些仅仅是追求知识的人，而是意指一群追寻某种理论性的、与现实有一定距离的知识与生活方式的人。段落内容（《图斯库路姆论辩集》v.8f.）如下：

> 这人（即毕达哥拉斯）来到弗利乌斯，与弗利乌斯人的王子里昂讨论了各种话题，博学而雄辩。里昂很欣赏他的才华和口才，询问他最信任的艺术是什么。但后者回答说他不懂艺术，他是个哲学家。里昂对这个新颖的表达方式感到很惊讶，并问他哲学家是什么人，他们与其他人的区别是什么。然而，毕达哥拉斯回答说，在他看来，人类生活类似于民间节日，举行着最盛大的活动，全希腊的人都来参与庆祝。有些身强体健的人为了胜利者花冠的名声与荣誉而奋斗；有些人在买卖中寻求获利；而还有一些人，那些最高贵的人，他们既不寻求掌声，也不寻求获利，只是热切地观察正在发生的事情和它们发生的方式。我们带着原有的本性从一世来到另一世中，正如从原来的城市

来到另一个热闹非凡的城市的节日庆典，有人为了名，有人为了利。但也有少数人热切地看待着事物的本质，认为其余的一切都是徒劳的。这些人称自己在“追求智慧”——这便是哲学家。正如最重要的是旁观而不是为自己争取什么，在生活中，对事物的沉思和认知远远高于其他所有事业。

在西塞罗看来，根据毕达哥拉斯的说法，哲学家过着最高贵、最优越的生活，既不求名，也不图利，仅仅是思考“事物的本质”。毕达哥拉斯学派的轮回观念背景可以从“我们带着原有的本性从一世来到另一世中，正如从原来的城市来到另一个热闹非凡的城市的节日庆典”这句话中得以窥知。根据其他种种迹象也可以看出，毕达哥拉斯或许确是哲学概念的创始人，这一观点并不是空穴来风的［参见里德韦格《毕达哥拉斯：生活、思想和影响》（*Pythagoras: Leben–Lehre–Nachwirkung*）第 4 章］。

第二章

公元前 5 世纪：雅典全盛时期的哲学

谈及希腊古代文化的伟大成就时，人们首先想到的便是公元前 5 世纪这一时间段。接着，人们会联想到宏伟的雅典卫城、雅典的民主制度、雕塑杰作（如菲狄业斯的雕塑）、希腊悲剧以及希罗多德和修昔底德所开创的历史学。毫无疑问，这些现象彼此密切相关：它们或多或少都与雅典城有着直接的关联。那里出现了一种被称为“希腊启蒙运动”的特殊意识形态，这与该世纪初希腊战胜东方霸主波斯有关：公元前 490 年，雅典在马拉松击败波斯军队；公元前 480 年，在萨拉米斯同波斯舰队的对决中，希腊再次占据上风。随着提洛—阿提卡海军同盟的建立，雅典跃升为一大强邦。公元前 5 世纪，雅典最重要的政治人物是伯里克利，后世称这个时代为“伯里克利时代”。丰富多彩的文化和知识生活就此展开。雅典被视为“希腊智慧的中心”（prytaneion，字面意思为市政厅，参考《普罗泰戈拉篇》337d）。

哲学在其中发挥着非常重要的作用：在雅典，它与修辞学一起在通识教育中占据了中心地位。通识教育在当时取得了巨大的成功，因为在民主制度中，对于共同参政的公民来说，在深思熟虑后，以严谨的方式公开陈述他们的想法，对于保障他们的政治影响力是至关重要的。因此，许多被称为“智者”（Sophist）的高等教育老师向更广泛的受众提供付费教学。智者（字面意思是“专业人士”“有能力者”）主要传授修辞学和语法方面的实用技能，同时也教授论辩理论、伦理学、政治学和自然哲学。此外，其中的许多人还发展出了独立的认知、语言、宗教和形而上学理论。

公元前 5 世纪哲学的核心人物无疑是苏格拉底。西塞罗在他的《图斯库路姆论辩集》中称赞他完成了从自然哲学到伦理学的变革，而这正是公元前 5 世纪的标志。苏格拉底“是第一个将哲学从天上召唤下来并带到城市中的人”，并“迫使它来研究生活、习俗和善恶”。

但是，一方面，我们应该意识到，许多在苏格拉底之前和与他同时教书的智者哲学家和非智者哲学家，也对美好生活、道德和政治等规范性问题感兴趣。人们甚至会怀疑苏格拉底本人是否属于智者派。另一方面，我们必须看到，早先的自然哲学形式在公元前 5 世纪也得到了延续和完善。这种延续的本质特征在于，哲学家们对巴门尼德的一元论挑战做出了回应：他们尝试明确一个恒定、持久的世界背景结构，并用它来解释我们已知经验世界的变化。

所有这些特质都在这一时期雅典的首位哲学家身上找到：克拉佐美尼的阿那克萨戈拉（约前 500—前 428），据说正是他将哲学引入了雅典。至少，他也是第一位居住在雅典的哲学家。由于他是著名政治家伯里克利的朋友，他遭到对手的攻击并被送上了法庭，被指控犯有“不敬神罪”（asebeia）。因为，他认为太阳是由“炽热的金属”制成的，月亮是“泥土质”的，而星星是“炽热的岩石”。在广为流传的希腊宗教中，天体被视为神灵。法庭对他判处了罚金，并将他驱逐出了雅典。因此，阿那克萨戈拉是“已知第一个因其信念而受到迫害的知识分子”［曼斯费尔德《前苏格拉底派 II》（*Die Vorsokratiker II*）156］。

与毕达哥拉斯和恩培多克勒类似，他也假设在经验的现实背后存在着一个不变的层次，以此应对巴门尼德的挑战；借助这一层次，他试图解释我们所知的世界是如何发生变化的。阿那克萨戈拉采用了早先哲学中的无限（阿派朗）和四元素理论。然而，对他来说，这些概念与经验世界中的事物一样较少“纯粹”（未经混合）；相反，它们也呈现着混合后的特征。阿那克萨戈拉认为，存在着无限多的元素，即分解后彼此相同或不同的实体。世界的每一部分都包含我们所知的有限属性；这些部分是同质体，同质体是无限可分的。然而，事实上，同质体的各组成部分并不是在所有地方都均匀分布的。相反，其分布存在着差异，因而，有时一种属性占主导地位，有时另一种属性占主导地位。因此，全新事物的出现仅仅是一种现有材料的特定分化，即“没有什么是产生于不存在的事物的”(《前苏格拉底哲学家残篇》59B17)。

阿那克萨戈拉假设，起初“一切事物以一种未分化的状态在一起”(homou panta)。世界上所有事件发生的动因是努斯（nous)。努斯形成了阿那克萨戈拉宇宙中唯一未混合的实体，而 homou panta 则并非如此。相反，心灵是“无限的”和“自我决定的”(59B11)。阿那克萨戈拉继而将心灵描述为无所不知、至高无上的力量，并将之定义为先知和规划者，因此，他可以被视为“精神形而上学”的创立者。

在对巴门尼德的哲学观进行进一步回应的学派中，有一个叫作原子论的学派。它的创始人是留基伯，他生活在大约公元前 5 世纪，我们甚至无法确定他的出生地点，可能是阿布德拉、米利都或爱利亚。他的原始文本都没能流传下来。尽管如此，很明显他开创了一种坚定的唯物主义或物理主义哲学思潮，否认了所有超自然和超验性理论元素。他的原子论观点可见于少量的教学报告中，包括第欧根尼·拉尔修和埃提乌斯的著作。对于留基伯来说，世界是永恒的，并且仅由两个基本量组成：一个是无限数量的原子，另一个是无限大的空旷空间。“原子”的字面意思是最小的、“不可分割”的粒子。但是，在留基伯看来，原子是可扩展的；它们的大小和质地差异很大，并在空间中向所有可能的方向移动。从系统的角度看，在留基伯这里，原子和空间取代了巴门尼德的“存在”，即它们构成了实际存在的、不变的本体层次。这一点不同于爱利亚学派，与恩培多克勒和阿那克萨戈拉的立场有相似之处。原子论的不变层次也旨在解释变化世界中所发生的事情：原子碰撞、彼此组合，并以各自速度的总和，沿着各运动碰撞后产生的方向运动。经验所感知到的生与灭，只不过是原子的结合或分离。如同阿那克萨戈拉的理论，这种方式也同样可以避免违反形而上学原则的“无中生有”。

对留基伯的学生德谟克里特（约前 460/ 前 457—约前 380）[①]，我们所知的也并不多。诚然，德谟克里特的著作数量惊人，有大约 70 部现存的作品归入他名下。不过，从数量和范围上来说，实际留存下的文本片段都是很有限的。德谟克里特作品中涉及的主题范围大得惊人：除了自然哲学和宇宙学，还有心理学、知觉理论、气象学、数学、音乐、诗学和伦理学。在其中的许多领域，我们无从得知德谟克里特的确切立场，也不知道它们与原子论的联系。不过，至少有一点是明确的：德谟克里特认为，万物本源是原子和虚空，原子相互配置构成更大的物体，从而形成可感知的世界。与提出“努斯”概念的阿那克萨戈拉不同，德谟克里特没有进一步假定，原子的相互配置背后存在着更高的原则。由于某次“必然的”相遇，原子束及其运动形成的涡流形成了，因而使原子彼此“锁定”，这并不是由某种更高的力量所安排的。但是这样很难简单说清已知的世界是如

① 一说约前 460—约前 370。——编注

何就此产生的。不过，可以明确的是，在德谟克里特看来，原子是有着不同的大小和特性的。为了解释出现在我们经验世界中的各种事物，德谟克里特以字母的使用来类比（《前苏格拉底哲学家残篇》67A6）：例如，字母 A 和 N 的形状明显不同；字母组合 AN 和 NA 在排列顺序上也彼此不同；字母 Z 和 N 在姿态上不同（Z 可以看作是横向旋转的 N）。由于“字母”一词在希腊语中是 stoicheion（也是“元素”的意思），用字母及单词组合来类比原子相互配置、产生各种可能的变体显得尤为合理。德谟克里特认为，除了形状和大小之外，所有属性（例如热和冷）都不是真实的，而是主观的。

在他的生命理论中，德谟克里特开始于这样一个假设，即生物的灵魂是由炽热的原子组成的。从原子论的角度理解繁殖，他认为，身体的每个部分都对其种子产生影响，因此，种子所产生的生命体得以重新获得全部的特征。较难说明的是德谟克里特的伦理学与原子论之间的联系。他提倡一种正确的内心态度，严禁不义之行，这一立场与苏格拉底的伦理学观点惊人地相似。

现在我们便讨论到了智者派。正如前文所述，随之而来的另一种哲学不仅为日常的政治生活提供实用性技能，它也面向人类生活，尤其试图针对何种生活是美好而正确的、社会规范的意义等问题给出回答。智者是一群专业的巡回讲师，他们获取报酬，教学水平不一。提到“智者”，我们通常会将他们与满口胡言乱语、厚颜无耻的骗子联系到一起，这与柏拉图对诡辩的猛烈批评有关，但这种批评事实上有失公允。智者是公元前5世纪兴起于雅典的教育市场的参与者，相当于当时启蒙运动的代表。个别智者或许使用过苏格拉底在柏拉图的《欧绪德谟篇》、亚里士多德在《辩谬篇》中所批判的“诡辩术”，但智者们各自的立场是彼此大不相同的。我们没有理由仅凭一种可疑的行为而否定整场智者运动。

重要的智者有普罗泰戈拉、高尔吉亚、吕哥弗隆、塞拉西马柯、普罗迪科斯、希庇亚斯、安提丰、克里底亚和卡利克勒斯。研究者未能将智者分成不同流派，也没能明确他们之间的师生关系。虽然智者运动并不是一场整体性的运动，但有一些主题对于整个诡辩派来说都是非常重要的，包括教育、修辞、论辩技巧、认识论，以及哪些社会规则是“天然”（physei）适用的，哪些则来自传统（nomô）或惯习（thesei）。智者的另一特征，即一种怀疑主义和相对主义的基调，体现在一篇名为《双重论证》（*Dissoi Logoi*）的文章中，这篇文章的作者不可考，且流传下来的版本已经不完整了。《双重论证》

的大部分内容使用了同一种模式，即其正论与反论相互对立，从二者中做出选择却似乎是不可能的。始终存在一种“理念一”，断言其与其对立面是不兼容的，但同时又存在着“理念二”，捍卫着理念一与其对立面的兼容性。只有当“理念一”为正确的时候，人们才可以进行判断，真理才是可能的。

关于来自阿布德拉的智者普罗泰戈拉的生平，我们只知道他公元前450年时是40岁左右。他的家乡属于雅典的势力范围，他本人可能与德谟克里特有着密切的联系。根据记录，他著有众多作品（第欧根尼·拉尔修《名哲言行录》IX.55），但作品本身都已失传。其中最重要的作品是《论真理》（*Alêtheia*），也有人称此篇为《打倒论》（*Kataballontes*）。普罗泰戈拉是智者学派的奠基人之一。他一方面教授论证技巧，另一方面讲授何为合理、正确的生活方式的问题。普罗泰戈拉在真理问题上是一个相对主义者。据说，他曾说过他可以“让较弱的论点变得更强”（ton hêttô logon kreittô poiein），他的意思或许是，人们通过改变论证的参照系，可以将起初的劣势地位变为优势地位。此外，普罗泰戈拉还主张一种本体论相对主义。他那句“人是万物的尺度”（homo mensura）最为著名：“人是万物的尺度，是存在者存在及其存在方式的尺度，也是不存在者不存在及其不存在原因的尺度。”［塞克斯都·恩披里柯《反对数学家》（*Adversus Mathematicos*）VII. 60］这里可以看出，普罗泰戈拉即使不是一个激进的构成主义者，也是将事物属性的建构归因于人的。普罗泰戈拉在宗教哲学问题上是一个不可知论者：“我对神一无所知，我没有把握说他们存在或者他们不存在，也不敢说他们是什么样子。有许多事物妨碍了我们确切获得此类知识，例如，（事物的）晦涩与人生的短暂。”（《名哲言行录》IX.51）如果将普罗泰戈拉划入柏拉图所说的“神话的文化起源”理论支持者范畴，那么他则代表着一种人类学观念，即人类是有缺陷的生物，他们通过发展理性和语言来弥补他们天赋的不足（《普罗泰戈拉篇》320c–328d）。人类所拥有的才能是千差万别的，唯独在“政治判断力”（politikê technê）上人人平等。这一观点使普罗泰戈拉跻身最早的民主理论家之列。

对于伦蒂尼的高尔吉亚，我们也只能粗略估计其生卒年代。根据古代资料记载，他活了一百多岁，大约生活在公元前 485 到公元前 385 年间[①]。高尔吉亚是一位声望极高的智者，并且积累了大量的财富。连伯利克里

① 一说约前 483—约前 375。——编注

和阿奇拜得都是他的学生。他最重要的专著是《论自然或不存在》，奠定了其彻底的怀疑主义立场。核心论点有三个：1. 无物存在；2. 就算有某物存在，我们对它也一无所知；3. 就算我们对它略有所知，我们也无法传达这些知识。这种极端激进的怀疑主义的目的之一或许在于，用一种论辩和修辞的伎俩替代严格的哲学论证（这种论证在任何情况下都不能传达关于真实的现实世界的任何信息），从而制造表面的可信性。高尔吉亚主张一种语言哲学观点，即语言是无法描述现实的，因此，对于他来说，说服的艺术便是最好的理论形式了。在柏拉图的《高尔吉亚篇》中，卡利克勒斯[①]作为高尔吉亚的学生，主张强者得权，以享乐和"追求更多"（pleonexia）为行动导向。

另外值得一提的是智者吕哥弗隆，他被认为是政治哲学史上第一位契约主义者，亚里士多德的《政治学》第三卷第九章中提及了他：吕哥弗隆将城邦视为互助契约，并将法律视为为公共利益而达成的协议。在语言学

① 卡利克勒斯，生卒约在公元前484年到公元前5世纪末，是一位古代雅典的政治哲学家。他在柏拉图的对话录《高尔吉亚篇》中占有重要地位，其中他"将自己描绘成一个无拘无束、勇敢、头脑清醒的现实政治倡导者"。——译注

方面，普罗迪科斯的“同义词法”尤为突出。普罗迪科斯可能是第一个进行仔细概念界定的人，他借此区分近乎同义的表达中的微妙差别。希庇亚斯则代表了另一种类型的智者，他似乎是一位通才，但根据柏拉图的评价，他可能只是拥有表面上的广博知识。

智者安提丰（与同名演说家不同）以及在柏拉图对话中出现的卡利克勒斯和塞拉西马柯等人，他们都质疑来源于自然（physis）和传统或习俗（nomos）的社会规范（法律上的和道德上的）之间的区别。安提丰认为存在着一些自然法则，遵循这些法则对人类有益（sympheron）。目前尚不清楚，他的这一看法在多大程度上意在对城邦法律的批评与修正。但是，他持有普遍主义观念这一点是明确的。安提丰进行了一番令人印象深刻的论述，表明在古代存在着一种思想，即所有人生而平等，他们最初都有着亲属关系且彼此团结。安提丰认为，所有人的自然平等，“野蛮人和希腊人”没有任何区别，他说：“我们可以观察到，那些因自然而存在的事物，在所有人身上都必然存在，所有人都能够借助相同的能力操控这些事物；而在这些方面，无论是野蛮人还是希腊人，都与我们没有任何不同。”（《前苏格拉底哲学家残篇》17B44）

公元前5世纪最重要的哲学人物无疑是苏格拉底（前469—前399）。他与智者们一样，在公共场合谈论良好生活和公正的问题。他的目标是通过挑战人们（主要是年轻人）的固有观念，指出其不足之处，来让他们“变得更好”。苏格拉底因此成了城邦中的知名人物，阿里斯托芬在他的喜剧《云》（前423）中讥讽他，说他是一个教授歪曲语义的诡辩家。苏格拉底被描绘成一个伪启蒙骗子，成日里躺在吊床上看着太阳，只想着如何打破传统价值观和自然规律。但是，苏格拉底与智者的不同之处在于，他不收取任何费用。作为哲学家的另一个特点是，他意识到自己肩负着神圣的使命，要为城邦做出杰出的贡献（《申辩篇》30a）。由于苏格拉底没有留下任何文字，要更多地了解他的个人和哲学立场有赖于他人的记述。其中的三个主要来源——柏拉图、色诺芬和亚里士多德——所传达的印象是，苏格拉底既发挥着他的人格魅力，也通过向对话者坚持不懈地发问发挥着影响力。据说他是“一个极其不寻常的人”（atopôtatos），使人们陷入深深的智识困境（《泰阿泰德篇》149a）。

关于苏格拉底的生平，我们所知甚少。他出生于雅典，父亲是一名雕塑家，母亲是一名助产士。据说他继承了父亲的工作坊，但这一事实被他强烈的哲学倾向所掩盖了。他没有过从政的经历，但是出色地履行了公民的职责，在伯罗奔尼撒战争中服过兵役。三十暴君专政期间[①]，苏格拉底反对他们的暴政。最后，苏格拉底成了审判的受害者；他被指控败坏青年、引进新神。最终，苏格拉底被判处死刑，服毒而死，这显然是对一个不合时宜的知识分子的司法谋杀。

青年时代的苏格拉底似乎曾深入学习传统的自然哲学，但后来却对此大失所望。柏拉图让苏格拉底（作为《斐多篇》中的对话人物）讲述了他年轻时如何被自然研究所吸引，因为，它似乎能够传授“关于一切缘由的知识”（96a）。他特别关注的是阿那克萨戈拉的著作。另外，根据亚里士多德的《形而上学》（A6），苏格拉底只专注于伦理问题，“根本不关注自然问题”，因为，伦理问题与他所寻求的普遍概念的定义相关。这两种说法很可能都是正确的：可以合理地假设，由于对阿那克萨戈拉著作的失望，苏格拉底完全放弃了自然哲学，并彻底转向了道德哲学。

① 公元前404年，伯罗奔尼撒战争以雅典彻底失败而告终。在斯巴达扶植下，以克里底亚为首的30个大贵族在雅典实行专制统治。——译注

苏格拉底或许并没有自己的哲学立场，只是提出问题，攻击他人学说的弱点。那句常被人引用的格言“我知道我一无所知”（尽管经常被复述得不够准确）支持了这种怀疑论者的形象；严格说来，留存下来的文本中只存在着一些与这句话类似的表述（《申辩篇》21a–22d,《泰阿泰德篇》150c）。此外，据说他曾说过，他自己不是生产者，而只是懂得一种“助产术”，可以帮助别人生产和检验思想（《泰阿泰德篇》149b–150d）。另外，值得注意的是，后来出现的学院派怀疑主义者常常引用苏格拉底令人陷入窘境的对话来支持他们的立场。将苏格拉底视为没有自己的理论的哲学家，也很符合他自身对德尔斐—阿波罗使命的认同，这种使命具有明显的教育性质。在《泰阿泰德篇》中，苏格拉底的神圣使命出现在助产段落中，他明确表示："发明分娩的是神和我”（150d），并说有一种神圣的声音（daimonion），有时会禁止他做某些事情，有时会给他建议（151a）。

然而，借由苏格拉底的问题，一些积极的理论观念也相伴而生，首先便是他的“道德智性论”，反映在他的三个具有挑战性的论点中：1. 德行即知识；2. 没有人自愿行恶；3. 所有的美德构成一个整体。根据这种智性论，一个人的适当或正确的行为仅仅取决于他的实践理性。这意味着一个人的理性洞察力保证了他个人的善良与善行，这既是必要条件，也是充分的条件。因此，这种立场的要点在于，每个人都可以通过始终遵循理性，使自己免于错误的行为。在苏格拉底看来，具备美德，也就是在社交和自我关系中拥有理想的个人品质完全基于正确的洞察力。具备正确洞察力的人，同时也具备了遵循洞察力生活的动力，并且不必担心内在的阻力。

此外，苏格拉底的典型特征还表现于另一观点，即认为哲学是对自己和他人的生活方式的理性审查（《申辩篇》28e）；一种“未经省察的生活”是“不值得一过的”（《申辩篇》38a）。因此，哲学代表着对灵魂的“关爱”（epimeleia tês psychês，《申辩篇》29e/30b；类似表述 psychês therapeia，《拉凯斯篇》185e），即试图培养一种和谐的人格。在柏拉图的对话录《拉凯斯篇》中，有一个关于这种审查方法的例子。其中说到，苏格拉底和与他交谈的每个人“不停地进行对话，直到对方不得不解释他现在的生活方式和他迄今为止的生活是如何度过的”（187e）。

在柏拉图看来，历史上的苏格拉底形象似乎与正确的自我认知和适当的自我评价理想相关联。德尔斐—

阿波罗神庙上的铭文“认识你自己”（gnôthi seauton）以哲学的方式出现在柏拉图的著作中。柏拉图的《斐德罗篇》（229e f.）中指出，人在听从德尔斐的自我认知神谕之前，关心其他任何事情都是毫无意义的；人必须首先知道人是天生野性的还是高贵的、神圣的生物。《卡尔米德篇》中，一个关于自我认知的主题也与德尔斐的主题相近，其中自我知识（heautou epistêmê，165d）与谨慎相关，即适度的行为（166c/169b）。柏拉图在《阿奇拜得篇之一》（129a）的眼睛寓言[①]中，可以找到在哲学式的生活意义上对自我认知主题的明确阐述：将自我认知与柏拉图的“关心自己”或“关注自己的灵魂”的理念等同。

① 在柏拉图的《阿奇拜得篇之一》中，有一个著名的隐喻，被称为“眼睛隐喻”。在这个隐喻中，苏格拉底比喻人类的灵魂就像眼睛，需要通过观察、了解自己与外部世界来发现真相和智慧。——译注

第三章

古典哲学：柏拉图与亚里士多德

如果将一种文化现象称为“经典”，那么这意味着它的卓越性令它具有了跨越时代的重要意义。对于柏拉图和亚里士多德的哲学著作，这一称谓无疑是适用的：由于其惊人的理论水平，这些作品几乎对整部西方哲学史产生了深远的影响，这种影响几乎涵盖了所有哲学分支。它对哲学思维的影响一直持续到现在，至今仍有一些研究方法是以“柏拉图式”（或“柏拉图主义”）和“亚里士多德式”来命名的。至少到目前为止，我们仍然可以将柏拉图和亚里士多德视为具有权威性地位的作者，进行深入探讨，即使最终可能会在某种程度上明确或模糊地与他们划分界限。

柏拉图（前 428 / 前 427—前 348 / 前 347）的思想与一些早期哲学家有着密切的联系，特别是与毕达哥拉斯主义者、爱利亚学派和赫拉克利特（通过他的老师克拉底鲁）。然而，对他而言，最重要的影响肯定来自苏格拉底，柏拉图属于他的圈子，并以苏格拉底为他大部分对话中的中心人物。多少个世纪以来，柏拉图对话始终以其引人入胜的语言、优雅的文风和戏剧化的直接性吸引着读者。柏拉图最大的魅力在于其论证的卓越与深度，其思想过程的直接和公正，以及在已有认知基础上不断提出新问题的意愿。

柏拉图出生于雅典一个享有特权的富裕家庭。像他的几位亲戚一样，他或许曾经有过从政的想法。然而，尽管政治在他的著作中占据重要地位，他却从未担任过政治职务。他的野心有多大很难说，但至少可以确定，他直到去世都将自己视为政治思想家。年轻的柏拉图大约在公元前 407 年加入了苏格拉底的哲学圈子。当这位备受尊敬的导师在公元前 399 年接受审判并被处决时，柏拉图认为这是针对当时最正直的人之一的极不公正的行为。几年之后，他开始了写作生涯，直到去世为止，成果丰硕。公元前 389 到公元前 387 年之间，柏拉图首次前往意大利南部和西西里岛。在塔兰托，他拜访了毕达哥拉斯学派的阿尔库塔斯；在锡拉库萨，他遇到了当地的统治者狄奥尼西奥斯一世。或许是受到了毕达哥拉斯学派的影响，柏拉图返回后在雅典建立了自己的哲学学派——学园派。然而，雅典学园派并不是一个主张单一教义的政治哲学秘密团体，而是一个由学者组成的开放社群，他们在不同的研究领域工作，持有不同的观点。自公元前 367 年起，年纪很小的亚里士多德就加入了柏拉图的学派。公元前 367 年到公元前 365 年，柏拉图开启了他的第二次锡拉库萨之旅，这次是拜访狄奥尼西奥斯一世的儿子狄奥尼西奥斯二世。柏拉图似乎希望对狄奥尼西奥斯一世的儿子产生政治影响。公元前 361 年至公元前 360 年，柏拉图第三次前往西西里。后来的两次旅行和第一次一样没有取得政治上的成功。回到雅典十多年后，柏拉图去世。

以柏拉图名义流传下来的作品共有 43 部。在古代，由斯拉苏卢斯[①]整理的版本中，只有九个四部曲被认为是真实的（共 36 篇著作）；而今天，大约 30 个文本被

① 门德斯的斯拉苏卢斯，也被称为亚历山大的斯拉苏卢斯（前 1 世纪下半叶—1 世纪上半叶），是埃及语法学家和文学评论家。他编辑了柏拉图和德谟克里特的著作。——译注

认为是真实的。最重要的著作按相对年代顺序分别有：《申辩篇》《克里托篇》（关于审判）；《伊安篇》《普罗泰戈拉篇》《小希庇亚斯篇》《大希庇亚斯篇》《欧绪德谟篇》《高尔吉亚篇》（智者对话）；《拉凯斯篇》《卡尔米德篇》《欧绪弗洛篇》《吕西斯篇》（道德哲学定义对话）；《克拉底鲁篇》《美涅克塞努篇》《美诺篇》（过渡时期对话）；《斐多篇》《会饮篇》《国家篇》《斐德罗篇》《巴门尼德篇》（理念对话）；《泰阿泰德篇》《智者篇》《政治家篇》《斐莱布篇》《蒂迈欧篇》《克里底亚篇》和《法篇》（晚期对话）。

除了自己写的《申辩篇》之外，柏拉图的著作都是对话体的；但他并不是这个文体的发明者，也不是苏格拉底学生中唯一偏爱对话体的；相反，这是一种苏格拉底派典型的文学形式。这种文体给现代译者带来了严重的困难：柏拉图的对话录在思想上缺乏明确性。一方面，从单一对话录中往往难以读出柏拉图的观点（如果有的话），因为，除了形而上学的教义性段落外，还有迷惑性的、探讨性的、叙述性的、问题陈述性的和导论性的文本部分；另一方面，不同的对话间存在着一些相互矛盾之处，除了彼此复述的部分，还存在着一些明显的自我批评、修正、问题重述的情况。

由对话体引发的问题尤以以下内容为重点：1. 是否每个人的发言都代表柏拉图的观点？如果他们的论述中出现明显错误的话怎么办？如果他们在表达观点时对知识有所保留怎么办？如果他们没有回顾之前对话中已有的论辩成果呢？对话的其他参与者是否有积极贡献？还是说柏拉图仅仅表达了真理的某一方面（这样一来，他所谓的“真理”便是所有提出的立场的综合）？2. 柏拉图为何使用了如此之多的文学手法与文体技巧？比如，城邦知名人士或哲学家的出场、框架性叙述、讽刺性描述、“留白”（指的是在文本中引用已有但未进一步展开的背景知识的地方）、神话、隐喻等。原则上，对话体的解读方法有以下几种：

①无论是在单一的对话录还是在整个作品中，柏拉图在他的立场上始终处于一种不明确的状态，因为他实际上是怀疑论者或无解论者。

②柏拉图作品的不明确性可以从传记作品具有渐进式发展的特点的角度来解释。

③柏拉图主张无限主义或视角主义，他尝试多种不同的观点，不断寻求新的视角与解释。

④在他的著作中，柏拉图作为一名卓越的教育家，掌握了一种“体系”，他希望引导读者，通过独立思考，

逐步发现这个体系。

⑤柏拉图是形而上学的教条主义者，他掌握了一种“体系”，但他不愿在著作中传达他的核心观念。

西塞罗证实，在许多个世纪中，柏拉图都被认为是怀疑论者，因为“他在他的著作中没有作出任何断言，对许多问题的探讨都从两个方面展开，他质疑一切，对什么都不确定”（《论学园派》I.45）。然而，这一点并不具有说服力，因为，柏拉图有很多立场强烈且具有教义的作品，例如《美诺篇》《斐多篇》《国家篇》和《蒂迈欧篇》。因此，解读①在今天几乎得不到任何支持。在当前的柏拉图研究中，占据主导地位的解读②是于19世纪由卡尔·F. 赫尔曼开创的，他认为，对话录之间存在观点差异的原因在于，在传记式作品中，观念的发展是渐进式的。解读②可以视为一种发展主义的解读。然而，这种解释的一个棘手之处在于，它只能解释事实性的差异，而无法解释柏拉图对话录中存在的不确定性和多种文学风格。因此，许多现代解释者支持解读③，认为柏拉图的不确定性源于一个论点，即所有哲学思考从本质上来说都是具有不确定性且无限开放的。这种无限主义的解释由弗里德里希·施莱格尔首创。然而这种解读同样缺乏合理性，因为，这类哲学意识并未在古代的任何其他作品中出现，过于超前了。解读④和⑤将柏拉图视为其作品的唯一作者，因此，其作品基本上具有统一的观点（或轻微的改动）。其中，解读④为弗里德里希·施莱尔马赫所支持，他认为柏拉图的作品整体上是为聪明的读者设计的练习，通过在文本之间来回跳跃，读者可以自己获得对柏拉图立场的综观。比解读④更具合理性的解读⑤，它认为柏拉图应该被视为一个形而上学的教条主义者，他在他的著作中并不想阐明他的所有观点，也许是因为他想“因材施教”，或者是他认为，其教义的核心是难以表达的。这是对话体的形而上学解释。

在这里，我们将通过五个中心主题来展示柏拉图对我们来说相对具体的哲学立场：理念论、认识论、心理学、道德哲学和政治哲学。

理念论：柏拉图在对话录《斐多篇》中介绍了理念论。他声称存在一个“美的本体”（auto to kalon, 100c），除此之外，所有的美都是因为“分有了”（metechei）这个“美的本体”而美。因此，美的本体是所有美的真正原因，而其他原因，即使它们听起来“较为学术”（包括鲜艳的颜色或多变的形状），也被认为是荒谬的。相比之下，理念论的解释是“简单、简明而朴实无华的”。

简而言之，它将美归因于美的“存在”或“诸种共性”。正如我们从其他相关的段落中了解的那样，理念是独立存在的智性实体。它们代表着特定的内容，比如，“善的理念”，即善良，就是纯粹的善，没有任何不善的成分。根据柏拉图的观点，理念是未曾产生、永不消逝的单元，旨在解释某种特征真正的本质（例如善良），这些特征分散在许多个体和情境中。因为，当我们将众多个案视为善良的实例时，我们意在指明某种共同的或使它们彼此联系的事物。因此，善的理念，即善本身或善的事物，正是可以提供“什么是善”或“善的事物善在哪里”的完整答案的东西。

在《斐多篇》《国家篇》《蒂迈欧篇》等对话录中，柏拉图明确地指出了基于理念论的双重世界形而上学。因此，除了我们可以感知的世界之外，还存在着一个紧邻（或高于）感知世界的独立的、智性的世界，即理念的领域。更令人惊讶的是，在《巴门尼德篇》对话录中，我们发现了对理念论的批判，其中最重要的是“第三人论证”。这是由于柏拉图坚信，每个具有 F 属性的思想本身就是通过属性 F 进行表征的，理想情况下，F 理念应是 F 属性的纯净表现形式。现在，如果我们进一步假定，每个 F 的现象都需要一个 F 的理念来解释，那么，这个解释又需要一个更高级别的 F 理念，以此类推，这就导致了一个无限的循环。因此，如果“人的理念”是一个具体人物之外的第二个元素，那么还需要一个“第三人”，以此类推。至少乍看之下，这个论据对于理念论来说是灾难性的。但是，很难说柏拉图何以去除这个论据的影响，但可以合理地假设，他似乎并没有因此认为理念论是错误的。

认识论：从早期的对话开始，柏拉图就使用辩驳术（elenchos）的方法来检验、获取知识。通常情况下，对话中的一个角色（一般是苏格拉底）提出“X 是什么”的问题，而另一个角色（一般是某种技术领域的专家）尝试给出定义。提问者再试图反驳回答（通常是间接地针对回答中的隐含内容），迫使对话伙伴给出新的回答，再进行批判性检验，等等。这种方法的隐含假设是，了解某事的人须有能力对其知识作出解释（logon didonai）。早期的智者对话录和定义类对话中就已具有这种检验知识的特征，这被认为是哲学反思式生活方式的特点。在后来的著作中，柏拉图将他认为最吸引人的认知方法称为“辩证法”（Dialektik）。在《国家篇》中，“辩证法”一词首次出现。我们从中了解到，柏拉图认为辩证法是最终和最高的认知形式，只有通过它才能获得对理念的认识。辩证法开创了一种连贯、不变且绝对可靠的认知，拥有它的人（“哲学王”）能够利用它在政治实践中建立最优的国家体制。辩证法是一种辩证学家用来检验论据（logoi）可靠性的方法（《国家篇》VII.538c/IX.582d，以及《政治家篇》285d–286a）。《斐多篇》中就已经提到，基本假设应该始终建立在“最强大”的逻各斯上，然后观察这一原则与现实是否一致（《斐多篇》100a）。据《国家篇》所述，辩证学家能够发展出一种不容易被驳斥的逻各斯（aptôs logos，《国家篇》VII.534c）。辩证学家能够研究“最伟大的研究对象”（megiston mathêma，《国家篇》VI.505a），即善的理念，甚至能够得出一个关于“未置于假设之中的原则”（archê anhypothetos），即“本质之理”（logos tês ousias）有效的定义（《国家篇》VII.534b）。此外，他们还试图通过共同的概念特征将实体归纳到一类中（synopsis）。与数学家的区别在于，辩证学家不仅仅是设定基本假设（hypotheseis），还需要证明它们，从而“消除”（anhairein/aphairein，《国家篇》VI. 510c 和 VII.533c）它们的假设特性。

对于早期的柏拉图而言，还存在着一种来自“回忆”（anamnêsis）的知识，与辩驳术和辩证法这两种反思式认知形式相似。在《美诺篇》中，一个几乎没有受过教育的奴隶男孩，仅通过巧妙的提问就解决了如何构造一个面积是给定正方形两倍的正方形的数学问题，如此便说明了这种知识的存在。只需要问一些问题就可以激活他的潜在知识，这意味着他可以回忆起先前某个时刻（无论是否凭借他人的支持）所掌握的知识。在《斐多篇》中，关于回忆的论述再次出现：我们始终拥有一种非获得的“理念知识”。柏拉图举的例子是“同等大小本身”（auto to ison），它可以适用于两块大小近乎相等的木材，即使它们可能不是完全相等的，即使不同的人对于“同等大小”这个谓词是否适用于两个给定的木块可能有不同的看法。同等大小本身是一个在人们心中已经存在的、不是从经验中推导出来的标准，它使人们能够评判世界上的事物，并且不存在关于它是否适用的异议。

心理学：在柏拉图哲学中，“灵魂”（psychê）是一个重要概念。一方面，对他来说，灵魂是人的不朽之物；和毕达哥拉斯主义一样，柏拉图主张转世论。另一方面，灵魂是内在世界的原则，也就是感知、思想、情感、愿望、动力和欲望的基础。柏拉图是身体—灵魂二元论者；他将死亡定义为“灵魂与身体的分离”（《斐多篇》64c）。灵魂具有二重性：它既可以以身体、感官为导向，也可以以神性、智性为导向；柏拉图更倾向于以智性为导向，并将远离感官世界视为灵魂从所受不公正（adikia）的负担中解脱。

在《斐多篇》中，柏拉图提出了四个关于灵魂不朽的论点。第一个是“对立论”（70d–72e），它认为一切都从其对立面产生，并再次回到本身。这一观点可以用清醒和睡眠的例子来说明：清醒的人之前曾经睡过觉，以后还会再睡觉；睡觉的人之前曾经清醒，将来还会再清醒（71b–c）。同样，灵魂也应该在生死之间来回振荡：在死亡时，它从生命状态转变为死亡状态；在出生时，它从死亡状态转变为生命状态，而它本身保持不变。第二个是“记忆说”（72e–77a），其论点则依赖于“回忆”理论：我们拥有一种知识形式，我们无法理解它是如何获得的，至少，在这一生中我们无法理解。第三个论点是“灵魂与神性的相似性”（77b–84b），它基于一个观念，即灵魂应是不朽的，因为，它与永恒、不可分割和不可分解的神性相似。苏格拉底认为，灵魂与他所描述的神性、不朽、理性、单一、不可分解和永恒的东西“非常相似”（homoiotaton）。第四个关于灵魂不朽的论点

（103c–107b）基于这样一种认识，即某些实体具有与之相反的特征不兼容。例如，雪永远只能是冷的，火永远只能是热的。如果将雪加热，它会消失，但它永远不会失去其冷的特性。同样，“生命”的属性应当与灵魂相关联。因为，灵魂是使身体具有充沛生命力的原则。虽然通过杀死一个人可以将灵魂从身体中驱逐出去，但我们无法将灵魂本身的生命属性分离出来。

在柏拉图的中期对话录中，可以发现一种新颖的阐释，即所谓的“内在冲突”或“意志冲突”。当我内心有所顾虑，不能再喝下一杯酒，而我却强烈渴望喝下去时，到底发生了什么？在《斐德罗篇》和《国家篇》中，柏拉图提出了灵魂的三部分学说。在《国家篇》中，他通过指出可能存在相反的欲望或趋势来引入这个学说（《国家篇》436b 起，《斐德罗篇》253d 起）。然后，柏拉图提出了以下论点：如果矛盾原则成立，灵魂中同时存在但相反的趋势是不可能的，同一灵魂不能同时想做和不想做同一件事。因此，他建议区分不同的心理部分。由于心理上的冲突总是发生在一个理性和一个非理性的行动冲动之间，因此，除了理性部分之外，还必须存在一个非理性的灵魂部分。非理性部分随后再分为两个能力。因此，根据柏拉图的说法，灵魂可以分为三部分：

一个理性部分（logistikon），一个激情部分（thymoeides）和一个欲望部分（epithymêtikon）。柏拉图通过这种方式解释了人的内心为何可能同时存在互相冲突的理性和非理性行动倾向。这个理论使柏拉图与苏格拉底的道德智性主义有了明显的区别。从他对无法控制的欲望自主行为的描述中可以看出这一点。在《国家篇》第九卷中，他说，灵魂的欲望部分在梦中让疯狂和无耻无所不在（571c，另参见527b）。这个结论也指出，非理性的灵魂倾向于无尽的欲望（442a f.）。这种关于灵魂生活的描述在苏格拉底那里是不可能的。但我们不应高估柏拉图与苏格拉底之间的距离。无论是柏拉图本人还是他的继承者亚里士多德，都并未将非理性的灵魂部分视为弗洛伊德精神分析中的自主无意识。对于柏拉图来说，灵魂的非理性部分（情感、冲动、欲望、愉悦或痛苦感）既不是不可理解的或无意识的，也不必然处于无序状态。相反，只有在理智统治不足的情况下，它们才会自我主导，而且也只是部分地自我主导。灵魂的非理性部分是一个可以被理性绝对控制的因素，并且，控制它们正是哲学自我修养的一个重要目标。

道德哲学：在古代的道德哲学中，构建德行与幸福模型处于核心地位，这些模型旨在回答一个问题：什么样的人生是好的或值得追求的？在什么条件下生活是成功的？何时以及为什么会失败？这一模型的构建对柏拉图来说也是至关重要的。他的道德哲学思考的出发点是一个“人应该如何生活”（《国家篇》I.352d）的问题。需要注意的是，这里的“应该”并不是指道德上的义务，而是指以幸福为导向的行为应是怎样的。柏拉图主张苏格拉底的道德智性主义，即人类理性是通往幸福的充要条件。与古代的禁欲主义心理实践和技巧相比，柏拉图更注重认知层面的练习。

在柏拉图的道德哲学中，一个重要的动机是尽可能地“接近神”（homoiôsis theô），柏拉图多次强调这一点是哲学追求的目标（《泰阿泰德篇》176a–b，《国家篇》X.613a–b）。因此，柏拉图强调，哲学具有改变人格的重要作用：哲学家具有真正的知识（epistêmê），而不仅仅是意见（doxa），因为他的认知对象是始终不变的。哲学家与诡辩家是两种人，后者被描绘为只是卖弄技巧和欺骗人的人。因此，一个人要成为哲学家，就必须经历一个“心灵转变”（periagôgê/peristrophê）的过程。通过哲学的努力，个人的灵魂可以得到提升（epanhodos，《国家篇》VII.518d）。

柏拉图将德行，尤其是正义，描述为一种必须追求的东西——无论它带来什么样的后果，也不管人类追求的最终目标是什么。他在《国家篇》中将正义定义为完全发挥灵魂的功能，因此，一个有道德的灵魂（或一个正义的国家）本质上是值得追求的，因为，只有它（或完全正义的国家）才能达到功能上的最佳状态。于柏拉图来说，某个实体从它的缺乏状态过渡到它的实现状态是一个简单的概念分析真理，被它自己所“期望”。在明确这一点之后，灵魂或者国家如何达到功能上的最佳状态也就显而易见了：通过履行其职能，或者说“做它该做的事情”（ta hautou prattein），也就是发挥其特定的能力（《国家篇》IV.433a）。柏拉图将这种公正（dikaiosynê）作为三种其他德行——节制（sôphrosynê）、勇气（andreia）和智慧（sophia）——的统一要素，将之分别归属于他所区分的三个灵魂部分——欲望部分、激情部分和理性部分。各种德行相互关联，缺一不可（《国家篇》IV.428a）。灵魂各部分中的德行也被视为其各自的功能最佳状态。因此，完美的德行存在于个体的三个灵魂部分（或国家的三个阶层）最佳协作的和谐中。这是一种哲学洞察的结果。正义已被证明是一种内在价值（本质上有价值的东西），可与幸福感或无害的享乐相提并论。

此外，柏拉图提出了一种基于比较正义生活和非正义生活的论证，即正义者（哲学家）通过思考和模仿理念秩序来获得他的正义（《国家篇》IX.580a–c）。哲学家通过洞察理念，即有序和持续的存在，模仿其秩序以获得正义（《国家篇》VI.500c）。正义者在某种程度上反映了宇宙秩序。天体运动具有高度规律性，且用精细的数学方法进行准确描述，这在天文学专家中引起了一种宗教情感的科学式映射（《法篇》XII.966e–967b）。出于类似的思考，《蒂迈欧篇》中推导出一种伦理要求：个体应尽可能地与宇宙运动的规律保持一致（90d）。同样，《国家篇》第七卷中提出了天空及其运动的比喻，从而将世界的稳定和规律的秩序引申出，对人类灵魂应尽可能地保持类似的秩序；人类灵魂应当模仿有序且始终如一的事物，这些事物中不存在不义和不幸的东西。如《国家篇》第六卷和第七卷所述，一个完全适应宇宙秩序及其背后理念秩序的个体将成为理想国家的完美统治者。

政治哲学：在柏拉图的著作中，政治哲学是被反复探讨的重要主题之一。早在《克里托篇》中，柏拉图就让苏格拉底在政治论辩中阐述了一种政治立场，论证了人们必须无条件服从国家法律（50a–54d）。在《普罗泰戈拉篇》中，他探讨了是否人人都具有“政治美德”，是否应当参与政治讨论和政策制定，如同雅典民主实践中的那样（320c–324c）。在《高尔吉亚篇》中，苏格拉底自称是同代人中唯一研究真正政治技巧（politikê technê）并“处理政治事务”（prattein ta politika, 521d）的人。在《国家篇》中，柏拉图以极大的论证篇幅构建了一个理想的公正城邦模型，认为只有具备完美知识的哲学家才有资格统治。然而，柏拉图明确表示，该模型实现的可能性很小。相比之下，《政治家篇》提供了一个更实用的概念，即政治家所需的知识，同时概述了一种宪法理论，并捍卫了法律制度的概念。在他的晚期作品《法篇》中，他终于详细阐述了一个基于法律的、有序的城邦模型，他认为这是第二好的且可实现的政治选项。

以下几点，可以视为柏拉图（至少是成熟时期的柏拉图）政治哲学的基本特征和动机：首先，柏拉图似乎或多或少地将其政治思想与公元前 5 世纪的雅典民主制、他自己时代的暴政形成了尖锐的对立。在他看来，雅典的政治体制对苏格拉底的冤杀负有责任，而苏格拉底是“那个时代中最好、最理智和最公正的人”(《斐多篇》

118a）。对柏拉图来说，民主制度的主要问题在于过度的个人自由以及政治参与者素质不高。背景是一种趋向悲观的人类学观点：人类（或大多数人类）必须在一种支配性的秩序下生活。由于统治者总是面临滥用权力的危险，因此，对于柏拉图来说，神统治人类（类似于牧羊人对羊群的支配性统治）似乎是最佳的解决方案。然而，这种统治形式是不存在的；因此，柏拉图认为，最佳的政治选择是由一个最具洞察力、同时不受私利驱使的人来执掌政权。因此，柏拉图对哲学专家的统治十分推崇，他们应当具有广泛而高深的知识。柏拉图明确地表示，正是此类知识，能将良好的政治统治与当时实行民主或暴政的政治家和伪装成专家的智者区分开来。

柏拉图和亚里士多德经常被置于简单的对比关系中：思辨理论家与经验主义者，形而上学者与内在主义者，天才的综观家与方法论专家，文学形式的爱好者与冷静论述的作者。接受此类对比的人，往往是受到拉斐尔画作《雅典学院》中那著名但过于粗略的对比的影响。画作中，柏拉图举起手指向上（指向理念的超验现实），亚里士多德则向前伸出手掌（将哲学限制在内在的解释原则上）。然而，所有这些对立关系或多或少都有些夸大事实。柏拉图和亚里士多德在大多数观点、论点、概念和方法上都是相通的。即使亚里士多德对柏拉图的观点进行了一系列批判，比如，拒绝柏拉图式的理念，否定《国家篇》中的理想城邦，批判"善的理念"等，这一点仍是不容置疑的。更准确地说，这两位哲学家之间的关系可以用这句拉丁语句子来描述："吾爱柏拉图，吾尤爱真理"（Amicus Plato, magis amica veritas，见《尼各马可伦理学》I.4）；这表明，尽管亚里士多德与柏拉图之间存在诸多分歧，他仍认为自己与柏拉图有着紧密的联系。

亚里士多德（前384—前322）出生于希腊北部斯塔吉拉的文化世家，他的父亲是马其顿国王宫廷的医生。17岁时[①]，亚里士多德在雅典的柏拉图学院开始了他的学习生涯，他在那里学习了大约20年，直到柏拉图去世。由于雅典存在着强烈的反马其顿情绪，亚里士多德接受了小亚细亚的亚特内乌斯统治者赫米亚斯的邀请前往阿索斯。之后，他前往附近莱斯博斯岛的米蒂利尼，与他的学生提奥弗拉斯特一起进行动物学研究。约在公元前342年，亚里士多德在马其顿国王宫廷成了年轻的亚历山大大帝的老师。在马其顿于喀罗尼亚之战胜

① 一说18岁。——编注

利后，亚里士多德的流亡生涯结束了。到了公元前335年，他回到了雅典，在自己的哲学学院——吕克昂学院［Lykeion，或称逍遥学派（Peripatos）］开始教学。随着亚历山大的去世（前323），雅典的反马其顿情绪再次抬头；亚里士多德不得不再次离开雅典，前往优卑亚岛的卡尔基斯，并于公元前322年在那里去世。

本体论：亚里士多德的"第一哲学"大致相当于我们现在所称的"本体论"（《形而上学》E卷第一章）；根据《形而上学》Γ 卷第一章，本体论是一门研究存在作为存在的学问。亚里士多德多次指出，"存在"这个词在许多不同的意义上出现（to on legetai pollachôs，《形而上学》Γ 卷第二章）。这些不同的意义并不是彼此孤立的，而是涉及一个核心意义。对于亚里士多德和柏拉图来说，存在着一种更为优先存在的东西，通过它来理解存在的其他次要或派生意义。对于这个存在的本质是什么的问题，柏拉图通过智性实体——理念——来回答。然而，亚里士多德否认了"理念"的存在。在他看来，优先存在的是实体。亚里士多德将实体（ousia）理解为一种可以归属于某一种类的单一事物，既可以是自然种类（人、马、树），也可以是人造物品的种类（房屋、船、门）。在这个意义上，实体可以独立存在，不需要依赖于其他事物。其他的属性或特征可以被附加到这些实体上，但它们不是这些实体本身的一部分，而只是描述或指示它们的方式。然而，亚里士多德还在第二个意义上使用“实体”这个词，不仅指自主存在的单个事物，还指使单个事物能够自主存在的东西。因此，亚里士多德所使用的 ousia 这个词既是一元的（“x 是一种实体”），也是二元的（“y 是 x 的实体”）。

在《范畴篇》中，我们可以看到亚里士多德对本体论的早期探讨。在那里，他区分了“第一实体”和“第二实体”。第一实体指的是具体的个体（例如某匹特定的马），第二实体则指代这个个体所属的种类或类别（例如生物物种马）。亚里士多德通过将两个标准结合起来得出了这种区分：（a）实体是不“存在于其他东西中”的东西，也就是不从任何承载者中出现的。（b）实体是在陈述句的主语位置上的，也就是命题中其他东西（谓语）所描述的东西。根据（a），某个东西的承载者称为 hypokeimenon，即主体；亚里士多德也将 hypokeimenon 作为陈述句的主语。因此，实体就是那些占优先地位的自主性存在，不作为其他东西的特征而出现，它们是陈述句中其他所有元素所描述的对象。第一实体因此是那些从不出现在其他物体中的实体，并且（几乎）永远不会出现在陈述的谓语位置上。第二实体（种类和属）也从不在其他物体中出现，但有时会出现在命题的谓语位置上（例如在句子“苏格拉底是一个人”中）。我们其他所有描述，如定性、定量、空间或时间描述等，都是与它们相关的。亚里士多德为我们列出了十种此类描述，即除了实体本身之外，还有：数量、质量、关系、位置、时间、状态、所有权、行为和感受。

在亚里士多德的著作《形而上学》第七至九卷中，对实体这一主题进行了最广泛的探讨。亚里士多德提出了四个标准，以确定何为实体：本质（to ti ên einai，存在的本质/是其所是）、普遍性、种属和主体。此外，他还提出三个可能的实体的标准，即实体的本质所在：形式（eidos）、物质（hylê）以及它们的结合体（synholon）。主体不符合作为标准的条件，因为它没有自主性或“独立性”，这是实体所具有的属性。普遍性和种属也不完全适用于描述实体的本质，因为它们只能说明实体与其他实体的共同点，而无法解释什么是实体所特有的实质上的独立性。只有本质符合作为实体本质的标准，因为它既具有自主性又具有形式确定性。因此，形式必须是构成实体的本质成分。但是，这里所说的形式并不是普遍存在于物质之上的柏拉图式的理念，而是指在有性生殖中代际传递的形态，或者是工匠（例如建筑师）从他的头脑中转移到材料（这里是建筑材料）上的形式。它也不是仅仅个体化的东西，因为，根据亚里士多德的说法，在生殖过程中父亲会将自己的形式传递给即将诞生的孩子，同样的，医生也将健康的形式传递给病人。整个物种的所有成员都通过有性生殖拥有相同的形式。

在《形而上学》第 12 篇中，亚里士多德最终区分了三种类型的实体：可感知的、永恒的和运动的（指可见的天体），可感知的、有限的（如植物和动物），永恒的、不动的。这些不动的动因者是神性的存在，他们可以帮助解释宇宙运动的永恒性和规律性。亚里士多德最初只讨论了一个不动的动因者，然后确定其他神圣实体的数量为 55 个。按照亚里士多德的模型，需要这么多的神才能重建天体的运动过程。亚里士多德明确指出，第一位不动的动因者没有潜能（dynamis），只有纯粹的现实（energeia），他是一位神祇，并且过着“最美好的生活”，其活动便是思考最杰出的思维对象——他自己。

科学观念：在科学观念方面，亚里士多德的观点与柏拉图存在着明显的差异。柏拉图像后来的莱布尼茨一样，主张统一的科学，而亚里士多德则持“认识论多元主义”观点。这意味着，他并不认为一切可知的东西都可以用一种单一的方法来把握，并用一种单一的理论语言来表达。各种知识领域及其各自的对象、方法、论点和推理形式之间存在着不可归约的差异。亚里士多德区分了理论科学、实践科学和诗学。理论科学是通过“观察性”的方法研究不变的对象，例如，形而上学和逻辑原理、原因、基本理论和论证、数学对象。实践科学旨在指导人类的行为；它们的目标是个人或社群的良好和成功的生活（道德哲学和政治哲学）。而诗学则不是指导人类行为，而是指导创造；它的目标是制造出一种外在的产品。基于这种区分和学科的差异化，亚里士多德提出了一个原则,被称为“以对象为基础的准确性原则”,根据这一原则，“接受数学家纯粹的推理论证和要求修辞学家提供严格的证明”是同样错误的（《尼各马可伦理学》I.1）。例如，在道德哲学中，人们只能针对一些“大多”（hôs epi to poly）如此的情况制定并遵循基本原则，严格的普遍性在这里是不存在的，因为，在道德行动的实践中，时有意外情况发生。

心理学：亚里士多德的灵魂理论与柏拉图的理论

有明显的区别。首先，他在本体论上，将灵魂定义为身体的“形式”。与柏拉图不同，按照亚里士多德的理论，灵魂并没有自主性，因此它也不是不朽的。将灵魂看作身体形式意味着，在心身整体中，灵魂不是独立存在的一部分。因此，亚里士多德支持物质形式复合论，即灵魂和身体是相互依存的，它们中的任何一个都不能简单地归结于另外一个。这样一来，亚里士多德便拥有了一种吸引人的中间立场，介于柏拉图式的二元论（贬低身体性，并且难以解释心灵与身体之间的联系）和还原论的唯物主义（试图将心理或精神归结为物质属性）之间。

亚里士多德认为灵魂具有一系列的功能，这些功能在柏拉图的理论中尚未得到充分的讨论：灵魂不仅是欲望和驱动力的所在，还掌控着营养、生长和繁殖。这背后是亚里士多德的“有目的实现”（隐德来希，entelecheia）的思想，据此，他提出了各种动物的特定成功发展条件。相较于柏拉图，亚里士多德更加详细地讨论了感性知觉，他将五个感官分为直接感官（触觉、味觉）和间接感官（视觉、听觉、嗅觉）两类。每个感官都有自己的对象（例如听觉器官的对象是声音），它们的共同之处在于能够感知运动、静止、数量、形状和大小等。最后，亚里士多德在《论灵魂》第三卷第五章中明确区分了“一切造物的精神”（nous tô panta ginesthai）和“感性被动精神”（pathêtikos nous），前者被解释为神灵的精神，因为亚里士多德认为它可以实现人类的思维能力。

道德哲学：亚里士多德的道德哲学也是以幸福概念为基础的，即一种幸福主义。其概念的第二个核心部分在于“美德”这个词。对于亚里士多德来说，幸福（eudaimonia）不是指一种积极的心理状态，而是生活的客观成功。为了让生活成功，一个人必须拥有与幸福有关的善，并长期或多或少地持有所有这些善。与许多其他古代道德哲学家不同，亚里士多德似乎是一个善的多元主义者：他认为多种善是与幸福相关的，缺乏任何一种都会损害幸福。亚里士多德所理解的幸福包括健康、身体优势、社会认可、财富、教育以及在成功的社群生活。最重要的是，亚里士多德认为一个人是否拥有美德与幸福息息相关。

与柏拉图不同，亚里士多德将美德分为两类：伦理美德和智性美德。前者是指我们可以学习到的性格优点，可以使我们在特定的现实环境中以最佳方式和可靠的一致性来控制我们的行为。例如，如果一个人具备勇气的美德，他在危险行为的方面就会表现出适当的冒险精神。然后，他的行为会保持在过度自我保护（懦弱）和极端自我伤害（鲁莽）之间的最佳平衡点。因此，通过“中庸之道”(mesotês)的概念来阐述伦理美德的教义，是为了将伦理美德的核心能力（智者之所以有的）表达为一种情境适当的行动选择的能力（包括伴有正当的情感)。亚里士多德比柏拉图了解更多这样的伦理美德；他描述了 13 种不同的美德，但总的来说，他的清单是开放的。智性美德是人们获得的稳定的智识能力。亚里士多德认识到了其中的六种：知识、智慧、精神、技艺和明智[①]。

很明显，上述的身体和外在的善与幸福有关。但是，为什么对于亚里士多德来说，美德也对幸福至关重要，甚至是决定性的呢？他在讨论“人的特定功能”（ergon tou anthrôpou）时给出了答案。亚里士多德认为，当人依据灵魂的理性部分的完美德行积极行动时，就能达到其功能的最佳状态。所谓的最佳状态好比一把切割能力非常出色的刀的最佳功能状态。处于这种状态的人已经

① 此处为作者笔误，作者提到亚里士多德认识到了六种，实际只写了五种。——译注

完全实现了他潜在的卓越特质中最重要的特质。从这里，我们可以得出这样一个结论，即只有当人们过着理论思考的生活（bios theôrêtikos）时，才能实现最大的幸福，此时的他们就像神一样，至少，在能够开展这种理性生活的阶段是如此。

政治哲学：亚里士多德政治思想最重要的特征可能在于其幸福主义基础。亚里士多德在探讨最高善的问题时，强调个体的幸福或成功的生活是其所在之处。他将政治理论建立在这一基础之上。他区分了生存（zên）和良好生活（eu zên），并强调城邦（polis）的目标在于其公民的良好生活。如果没有城邦，个人的良好生活实际上是无法实现的。因此，亚里士多德将政治共同体解释为最符合人类潜能的组织，因为只有它能够完全保证人类的“本性”所需的生活条件。与情侣关系、家庭社群（大家庭）和乡村社群不同，这些较小的社会单位只能提供基本的生存需要，而政治共同体可以满足公民更复杂的物质需求，同时也能够培养和塑造他们的品格。亚里士多德认为，只有在更大的政治共同体中，通过教育和模仿，才能获得道德和智识美德。而这种道德和智识的培养取决于是否存在一个有序、文明、繁荣的公民社群。因此，对于亚里士多德来说，只有在一个运转良好的政治环境中，个体才能获得全面的幸福生活。只有这样的环境才能提供所有物质保障，并帮助个体发挥其全部潜力。在这种背景下，亚里士多德将道德哲学和伦理学归入一个整体理论框架，并将之称为“政治科学”（politikê）。

亚里士多德并没有忽视人们建立城邦的原因之一在于生存的需求（《政治学》III. 6）。城邦的存在自然是源于人类自我保护的需求与合作本性的渴望，而不仅仅是因为要更深入地追求幸福。一个人如果独立生活，则无法应对环境的威胁（如野兽或敌人），本人及其后代便都会陷入危机。因此，需要区分亚里士多德的国家理论中的两个基本方面：一个是规范性或合法性方面，其取向为幸福主义；另一个是描述性或人类学方面，其取向为自然主义。亚里士多德逐步从伴侣关系、家庭和村庄社群中推导出政治联合体，因此，将之描述为“自然”的。似乎可以看出，亚里士多德在《政治学》第一卷中关于政治社会起源和演化的论述与后来出现的辅助原则理论存在联系，事实上，历史上确实也存在这种联系。因此，城邦社区应该给予个人和家庭足够的自主空间。在亚里士多德看来，许多城邦只能达到基本的合法化程度；它们仅达到保障生存的水平，而不能达到更高的要求，即提供人类幸福所需的事物。

亚里士多德将人类描述为一种天生具有社会性的生物（zôon politikon，《政治学》I. 2，《动物志》I. 1）。这一描述本身并不具有人类学的特征。对于亚里士多德来说，蜜蜂、黄蜂、蚂蚁或鹤等动物也是“政治生物”，因为它们共同生活并从事共同的活动。然而，人类与其他生物根本的区别在于，人类“更加”（mallon）具有政治性。这意味着人类实践是比动物更高级、更广泛的社会形式，并进行更紧密的合作。由于人类具备语言和理性，他们不会仅凭本能将自己的生活目标限定于自我保护，而是能够建立道德和政治正义标准，并以个体的幸福为导向来构建社会共同体。如果一个个体脱离城邦，在亚里士多德看来，要么它是一只野生动物，要么便是一个自给自足、趋近于神的个体。

第四章

希腊化哲学：不止于对生活实践的争论

对希腊化时期哲学的普遍偏见之一，是认为它不及古典希腊哲学的水平。很多人认为，之所以如此，是因为这一时期的哲学家主要关注个体伦理问题，而非全面的理论建构。主要的学派，例如，伊壁鸠鲁学派、斯多葛学派、学园派和亚里士多德学派（逍遥学派），主要涉及成功的生活方式，而非逻辑或认识论、心理学、语言或自然哲学等问题。此外，人们常常提到亚历山大帝国及其后继国家的政治局势，认为公民参与机会的减少，导致哲学家集中关注于个体。

然而，这种评价在多个方面都是错误的：希腊化时期哲学具有非常高的水准。它虽然以“生活技艺”的哲学观念承认道德的主导地位，但也有在逻辑、认识论、心理学、语言哲学或自然哲学等问题上做出的强大和独创性的贡献。不幸的是，我们所拥有的资料非常匮乏。我们几乎没有完整的文献，只有少量直接引用的文献和片段，以及一些大家的有限文本摘要。因此，我们无法仅凭文本来判断伊壁鸠鲁或克律西波斯是否达到了柏拉图和亚里士多德的高度。（此外，值得一提的是，一种错误观念认为，在希腊化时期，城邦制度及公民参与已经彻底成为过去，事实上，许多地方的典型城邦结构一直延续到古典时代晚期。）

在希腊化时期的哲学中，个体伦理优先的观点确实有一定的真实性,这与哲学被看作一种生活技艺（technê tou biou, ars vitae）的概念有关。在古代，把哲学看作一种生活技艺，即把关于好的或成功生活的问题置于思考的核心，其他学科则服务于这一主题。虽然哲学家们的研究兴趣最终是朝着实现良好生活的方向，但他们同时也在高水平上进行理论哲学研究。当哲学家们研究关于良好生活、人类在宇宙中的位置或者如何克服失败的情绪、欲望和冲动等问题时，理论研究显然是必不可少的。在希腊化时期的哲学中，伴随着实践导向的哲学概念，还存在着一个复杂的修行文化（askêsis，意为练习）。特定的修行方法旨在引导哲学学生以具体方式重新确定自己的生活方向［皮埃尔·阿多《何谓古代哲学？》（*Qu'est-ce que la Philosophie Antique?*），霍恩《古典生活艺术》（*Antike Lebenskunst*）］。对于犬儒派、伊壁鸠鲁学派、斯多葛学派和学园派，修行思想都是同样重要的，对于怀疑一切知识的皮浪学派而言也是如此。

此外，另一个共同点是，大多数希腊化时期的学派都自认为是"苏格拉底式"的（仅伊壁鸠鲁学派除外）。这是由于哲学在苏格拉底的影响下发生了向实践转向。然而，这种自我定位仍然是令人惊讶的，因为，事实上，希腊化时期的"苏格拉底派"家族在很大程度上具有不同的立场。在古典时代晚期，奥古斯丁惊讶地发现，一方面，来自昔兰尼的阿瑞斯提普斯的学派，即昔兰尼学派，自称是苏格拉底的门徒；另一方面，源于安提斯泰尼的犬儒派也自称为苏格拉底派（《上帝之城》VIII.4）。昔兰尼学派认为快乐是至高无上的善，而犬儒派则认为德行是至高无上的善。昔兰尼学派是反幸福主义者（顺便说一句，在古典时代道德哲学中只有昔兰尼学派是反幸福主义者），而犬儒派则是幸福主义者。

阿瑞斯提普斯（前5世纪末—前4世纪中期）和安提斯泰尼（约前445—前365）两位哲学家，都否认获得外在的善能带来幸福。然而，阿瑞斯提普斯捍卫温和的享乐主义，而安提斯泰尼仅将美德视为善，立场坚定地代表着反享乐主义。阿瑞斯提普斯认为，追求快乐是自然而必然的，快乐是人类生活中唯一有价值的东西，因而坚持反幸福主义：幸福不过是许多快感的组合，因此，应该系统地归纳于享乐的概念之下（《名哲言行录》II.87 f.）。

阿瑞斯提普斯认为，我们所拥有的只是当前的主观感受，因此过度关注过去、未来和外在物质会带来危险，建议代之以培养享受能力。然而，阿瑞斯提普斯同时也注重理性的自我控制：人应该掌控本能和欲望。对他来说，享受当下的物质满足而不被左右，不依赖于它们，是可能的。阿瑞斯提普斯对此提出了一句名言："我拥有它们，它们不控制我；因为，最好的选择不是节欲，而是控制欲望且不受它们控制。"（《名哲言行录》II.75）据阿瑞斯提普斯所言，身体上的快乐比心灵上的更为强烈；但是，这些愉悦仅是在程度上有所不同。阿瑞斯提普斯把精神状态类比于海面，将之分为三种：风暴（痛苦）、顺风顺水的流动（欲望）和宁静（无感觉）。该哲学立场的理论背景在本质上属于怀疑主义。昔兰尼学派和犬儒派都对感知的可靠性提出了质疑：和普罗泰戈拉一样，他们强调其主观相对性（如“这风似乎很暖和”）。因而，他们也对不同主体感知内容的一致性提出了质疑。

据安提斯泰尼的观点，寻求快乐会让人误入追求外物的歧途。他因此强烈反对任何对欲望和热情的培养，且似乎尤为反对性欲（《名哲言行录》VI.3）。安提斯泰尼和犬儒主义者推崇一种自给自足、需求较少、符合“自然”的生活方式。他们进行了许多修习，以逐步简化他们的生活方式。犬儒主义者一方面倾向于极端的朴素和贫困；另一方面，他们以其挑衅性、不知羞耻的公开行为而闻名，通过他们不修边幅的外表和对物质财富的拒绝来挑战常俗。这两个方面或许与“犬儒”（kynikos，意为像狗一样）这个名号有关［除非这个名号仅是由于该学派曾在一个名为快犬（Kynosarges）的地方教学而得来］。留着胡须、外表不修边幅的犬儒主义漫游传教士在古代几个世纪中塑造了哲学家的公众形象。我们现代的“玩世不恭”（Zynismus）一词与古代犬儒主义者的态度有很大的差距。最著名的犬儒主义者是锡诺普的第欧根尼（前 4 世纪）。据说他完全一无所求，住在一个木桶里。在第欧根尼身上，犬儒主义的特征，即生活简朴，随时准备挑战社会禁忌，得到了最为鲜明的体现。此外，他还表现出了明显的普世主义。据说，第欧根尼在被问及他来自何方时，他称自己为“世界公民”（《名哲言行录》VI.63）。

现在让我们谈谈伊壁鸠鲁和他的学派。伊壁鸠鲁（前 341—前 270）是希腊化时期的杰出哲学家之一。他创建了一个重要的古代哲学派别，即“花园学派”（kêpos）。凭借他的享乐主义幸福理论和受德谟克里特启发的原子论，他对古代晚期和现代早期产生了深远的影响。

伊壁鸠鲁出生于雅典，曾在德谟克里特派的瑙西芬尼学习。除了曾在莱斯博斯岛的米蒂利尼和兰普萨科斯逗留外，他大部分时间都住在雅典。公元前 306 年，他在雅典创立了自己的学派，其特点是接纳了女性、奴隶和其他社会地位较低的人。伊壁鸠鲁的著作只有少量留存了下来（特别是在第欧根尼·拉尔修的引用中）：给希罗德的信，给梅瑙凯的信，给亲戚和朋友的信的残篇，《学说要义》（*Kyriai Doxai*）的名言以及其他格言，其他文本和证言（由乌塞纳于 1887 年和里吉蒂在 1973 年汇编）。此外，还有在赫库兰尼姆的庄园中发现的文本残片，该城于 79 年维苏威火山爆发时被掩埋。

伊壁鸠鲁的观念基础是他的原子论、自然主义、感觉主义和唯物主义。像大多数其他古代哲学家一样，伊壁鸠鲁认为人类的最终目标是幸福。与大多数其他学派不同的是，伊壁鸠鲁将幸福的内涵定义为快乐（《给梅瑙凯的信》128）。他相信，享乐主义的幸福“在我们的掌握之中”，因此可以通过行动实现。他本人据说实现了这个目标。与其他希腊化时期的学派一样，伊壁鸠鲁学派同样认为，在从不幸状态到幸福状态的过渡中，理性起着关键作用。通过揭示真正的善和抛弃错误的愿望，理性纠正了生活方式，从而带来幸福。此外，伊壁鸠鲁学派的治疗实践与其他学派的实践存在密切的相似之处。根据伊壁鸠鲁的观点，幸福在于特定的理性性格（diathesis），即全然的内心平静。伊壁鸠鲁选择使用“毫无纷扰”（ataraxia）这个术语来描述这种平静。

粗略来讲，伊壁鸠鲁的幸福观主要基于两个要素：独立自主的世界定位以及沉思性的享乐能力。人们应该能够通过哲学的洞察力和有针对性的练习来实现这两者。其思想的核心在于幸福与快乐（hêdonê）的感觉是同一的。当然，伊壁鸠鲁并没有考虑到每一种快乐。相反，伊壁鸠鲁的注意力集中在一种产生幸福的理论上面，它只培育正确的快乐。为了理解伊壁鸠鲁对幸福的解释，我们必须搞清楚伊壁鸠鲁对错误的忧虑形式的摒弃。他认为四种类型的恐惧因其广泛的后果能减弱人的快乐：1. 对天象的恐惧（用更现代的说法便是，对令人不安的自然现象的恐惧）；2. 对死亡的恐惧；3. 对自身欲望不能满足和不安宁的恐惧；4. 对无节制的巨大痛苦的恐惧。伊壁鸠鲁认为对它们的治疗可以发展出一门科学学科，其目的在于传达关于人类世界地位的确定性和可靠性知识；他称之为"论理学"。从启蒙的目的来看，这一点与伊壁鸠鲁提及的"神话"背道而驰，也与生理学（自然科学）的错误形式背道而驰。

1. 伊壁鸠鲁对天文现象的解释以及对其他自然现象的解释，虽然在内容上几乎与现代自然科学毫不相干，但却有着相似的客观与冷静。例如，他认为天文现象并不预示神的惩罚。对于伊壁鸠鲁来说，拒绝迷信的世界观非常重要，他认为自己研究物理学的意义仅在于为了自己的幸福而不再受到干扰（《学说要义》11）。伊壁鸠鲁还坚决反对每个人都有固定命运的想法。世界的运行不是由神决定的。因此，幸福不能通过适应宇宙的理性和秩序的方式来实现，而是只能通过人类自己塑造生活来实现。伊壁鸠鲁也拒绝了神分配人类幸福或不幸的观念（《学说要义》1）。伊壁鸠鲁的神学思想几乎具有理性主义的构造方式；神既不为宇宙的建构负责，也不为世界的运行负责，他们不关心人类事务。在伊壁鸠鲁的观念中，神被视为永恒愉悦和冷酷无情的不朽存在。

2. 伊壁鸠鲁希望排除所有令人恐惧的死亡观念，其目的在于消除它们对我们造成的困扰以及减少幸福感的作用。根据伊壁鸠鲁的看法，我们的死亡恐惧会引发对无限的利益和安全感的追求，导致错误的善行观念，从而导致幸福的缺失。因此，伊壁鸠鲁对证明灵魂是一种非物质，死亡时会和身体一起消失的观念非常重视。死亡对我们来说是完全无关紧要的，因为我们不会感受到它，它既不是好事也不是坏事。其最重要的文本摘录为（《给梅瑙凯的信》124 f.）：

> 习惯于认为死亡与我们无关。因为，每一个好和坏都在感觉中，而死亡意味着感觉的丧失……因此，那些说怕死的人所说都是无稽之谈，因为，死了不会痛苦，而是将死的时候会痛苦。所以，最可怕的邪恶——死亡——对我们来说毫不重要。因为，只要我们还活着，死亡就不存在，而当死亡来临时，我们也不再

> 存在。它既不影响活着的人，也不影响死去的人，因为，它不存在于前者中，而后者则不再存在。

3. 与传统中长期的误解相反，伊壁鸠鲁绝不是一个粗野的享乐主义者。伊壁鸠鲁同样认为无限增长的欲望（柏拉图的 pleonexia，即贪得无厌）与精神平衡或内心和平的概念不相容。因此，伊壁鸠鲁将他对享乐或愉快的理解与渴望的欲望概念相区别，以便坚持“毫无纷扰”的理想。他这样做的方式是宣称存在一种明确的快乐最高限度，即完全无痛苦（aponia）；这是一种最大的满足状态（plêrôma）。伊壁鸠鲁认为，快乐并不在于减少痛苦的过程中，而是在其结果中。真正的快乐只有在痛苦消失后的状态下才能达到。伊壁鸠鲁更喜欢“静态”的、平稳的快乐，而不是变化多端的快乐。如果某种快乐已经实现了最大的快乐可能性，那么想要达到更高水平的舒适是不明智的。正是这种误解，导致了无限的欲望。

4. 伊壁鸠鲁认为快乐是至高无上的善，痛苦是最大的恶 [《论善恶之极》(*De Finibus*) I29]。因此，每一个衍生的善都可以归结为它对快乐的贡献，同样，每一个衍生的恶都可以归结为痛苦。因此，从伊壁鸠鲁主义的角度来看，对于大的痛苦，例如疾病或酷刑，感到害怕是正当的。但是，伊壁鸠鲁也坚持认为，人类获得幸福的能力在（几乎）所有情况下都存在。与斯多葛学派不同，伊壁鸠鲁并不认为幸福对于智者是持续的，因为幸福始终取决于他的决定，即要具备德行。相反，他认为，即使智者也会受到不可控的外部影响。因此，伊壁鸠鲁被迫区分神的和人类的幸福：诸神持续地享受无痛苦的完美幸福，对于人类来说，幸福只需保持快乐始终多过痛苦。在伊壁鸠鲁看来，人类在生命中不能达到更多了，但这当然已经足够。事实上，这仍然是一个苛刻的要求：伊壁鸠鲁不仅要求在整个生命中达到积极的快乐平衡；他还试图证明，在每一刻都可以感受到比痛苦更多的快乐。伊壁鸠鲁试图推翻人类必须承受巨大痛苦的观念，这便引出了他的著名论断，即痛苦要么只持续很短的时间，要么很轻微。

现在让我们谈谈斯多葛学派。该学派的创立可以追溯到约公元前 300 年，其活动持续到 200 年左右，因此，我们面对的是一个长达 500 年的学派传统。“斯多葛”这个词源自学派的第一个集会地点——雅典的“彩绘柱廊”（stoa poikilê）。斯多葛学派可以分为三个时期：早期斯多葛，其主要代表人物有季蒂昂的芝诺、克里安提斯和克律西波斯；中期斯多葛，代表人物为潘尼提乌、波昔东尼；晚期或罗马斯多葛，代表人物有塞内卡、爱比克泰德和马可·奥勒留。我们并没有早期斯多葛学派的完整著作，只有一些残篇和对学派历史的记述，这些资料主要出现在三个版本中：汉斯·冯·阿尼姆（1903 年及以后）、A. 朗和 D. 塞德利（1987）以及卡尔海因茨·胡尔瑟尔（1987）。

斯多葛学派哲学家是最早将哲学发展成一个"体系"的哲学家，即他们非常关注其不同主题的言论之间的一致性。他们将哲学分为三个领域：逻辑学、伦理学和物理学。斯多葛学派认为，逻辑类似于人体的骨骼和肌腱，伦理类似于肉体，而物理则类似于灵魂，因此，将自然哲学看作最深刻的知识领域［A. 朗、D. 塞德利的《希腊化时期哲学家》（*The Hellenistic Philosophers*）26B］。尽管对于斯多葛学派来说，伦理生活技艺范式也同样至关重要。在"逻辑"这个主题中，除了形式逻辑（尤其是斯多葛学派在逻辑史上做出的原创贡献——命题逻辑）之外，还涉及了语言哲学和认识论。

斯多葛主义者在本体论和自然哲学上是唯物主义者。了解这一点很重要，以便正确理解他们明确的理性主义立场：他们的理性主义并不是一种灵性的世界观。虽然柏拉图的《蒂迈欧篇》对他们产生了重要影响，但斯多葛主义者坚决反对其二元论概念。对斯多葛主义者来说，只存在着能够积极影响其他事物并接收积极影响的事物，即物质躯体。因此，灵魂和众神也都是物质的。然而，斯多葛主义者面临着一个问题，即如何描述存在着的无形事物；语义（lekta）、时间和空间都是无形的。斯多葛主义者通过在存在（einai）的基础上引入本体论范畴的“实体”（hypostasis）来解决这个问题。如果某物实体存在（subsistieren），则它存在，即使不是完全意义上的存在（existieren）。

斯多葛学派是感觉主义者，但是知识是如何从感知中产生的呢？斯多葛学派认识论的核心概念是“认知印象”（phantasia katalêptikê）。在与学院派怀疑主义者的讨论中，它被用于提供“真理的标准”（kritêrion tês alêtheias）。斯多葛主义者认为，所有的情境下，我们的认知印象都可以视为真实的，甚至是无误的知识。根据季蒂昂的芝诺的观点，只有对那些通过充分的感官印象产生的认知印象予以认同（synkatathesis），我们才能超越纯粹的看法（doxa）而获得真正的知识。关键在于，根据芝诺的说法，对于感知过程的被动因素，即感官印象的传递，还需要人类主导的思维能力（hêgemonikon）主动参与。当我们获得知识时，我们与宇宙的“正确的逻各斯”相一致；因此，芝诺的道德主张主要意在实现这种理性导向的一致性（homologoumenôs zên，即生活在一致性中）。克律西波斯将这一措辞拓展成了一个规范性的自然概念，形成了其经典变体，即“与自然达成一致”（homologoumenôs tê physei zên）。

斯多葛哲学的一个特点是将理论和实践理性的统一作为一个基本前提：成熟的人类理性同时也意味着完全的美德。理性的协调的非二元论概念的基础在于芝诺的教义，即存在一种既有灵性又有物质性的基本概念，即非物质的火或热（pneuma，普纽玛，即“气”），它也被称为“道种”（spermatikos logos）、命运（heimarmenê）、神、预定（pronoia）或理性等。这便塑造并形成了一种被动的物质基本概念。芝诺还提出了一个八部分的灵魂分裂学说，以理性能力为主导，但这并不意味着理性和非理性力量之间的竞争模式，而仅仅是一种功能性的区分。强调灵魂能力统一的智性主义倾向在克律西波斯的学说中得到了进一步强化，他否认感知和理性之间的任何二元论。芝诺的“气”仅与火和热相关联，而根据克律西波斯的观点，“气”在整个宇宙中以不同的强度（tonoi，直译为“音调”）存在，从而实现了单一灵魂和宇宙的紧密联系；没有任何物质是没有“气”的，这就是所谓的“万物混合”（krasis di’ holôn）概念。灵魂以“气”的形式穿透人体，并在心脏区域“浓缩”为“支配性力量”。因此，人类的智力被解释为“气”的特别浓缩形式。

斯多葛主义者的幸福理论，其基础同样深受苏格拉底的精华观点的影响。首先，美德足以创造幸福，不需要其他的善（足够论，《斯多葛文献残篇》III.30）；其次，斯多葛学派认为美德和幸福是一致的，它们之间仅存在概念上的差异，而非实质性的区别（同一性论，III.39）。最后，斯多葛学派重新提出亚里士多德对伦理美德和智性美德的区分：伦理美德仅指“完善的理性”（理性论，III.198）。外在的善对于幸福起不到任何作用，无痛苦、健康、快乐或愉悦的情绪状态也是如此。这样的幸福理想显得相当不现实和近乎非人性化。就连西塞罗也认为，斯多葛学派对最高善的定义甚至不适用于纯粹的精神实体（《论善恶之极》IV.27）。

尽管如此，我们不应该仅仅从日常视角否定斯多葛学派的幸福概念。斯多葛学派是在一个复杂和反思性的理论背景下发展他们的幸福理念。就像柏拉图和亚里士多德的观念一样，斯多葛学派的幸福观是基于一种追求模型。根据这个模型，幸福是人类最高的行动目标，即为了自身而追求的东西，而其他所有的东西都是为它而选择的（《斯多葛文献残篇》III.2）。对斯多葛学派来说，伦理美德是最高的也是唯一的善（I.190）。虽然他们认为，没有什么可以扩大或改善这个唯一的善，但实际上，他们并不否认某些外在和身体优势的存在；他们只是说，这些优势并不能提升最高的善。这些优势有可取之处，但相较于美德而言，它们是微不足道的。因此，斯多葛学派认为，拥有美德的人可能会缺少其他令人向往的东西，但他并不会有任何损失。在他们看来，像健康、体力和美貌（身体上的好处），或财富、权力和声望（外在的好处），这样的因素不是真正的好处。他们将这些通常被赋予价值的因素归类为中性的或无关紧要的（adiaphora），只承认它们在对抗疾病、丑陋、贫穷和依赖性等方面有一些"可取之处"（proêgmenon）。

斯多葛学派一个重要的伦理理论涉及"视为己有"（oikeiôsis）的概念。这是一种生物学、心理学和道德哲学上的概念，认为自我保护是每个生物最主要的天然冲动。特别是对于人类，在第二阶段中，包括理性的自我肯定和对所有其他人的理性接受。oikeiôsis 这个术语是从 oikeios（自己的）和 oikeioun（拥有）衍生出来的。字面上，它表示生物逐步了解并掌控自我的状态。尽管该理论有亚里士多德的渊源，但 oikeiôsis 概念似乎是早期斯多葛学派哲学家（特别是克律西波斯）的理论创新。

Oikeiôsis 理论的道德哲学要点在于，当一个人获得理性后，他会发现自己的实践自主权是非常重要的。在这之前，实践自主权只是为了身体自我保护而存在，只被视为一种具有工具性的好处。现在人们则清楚地认识到，正确使用实践自主权的原则必是存在于自己内部的，且自己本身就是自我保护的目标，因此这是一种内在价值。通过这种方式，人们产生了第二阶段的自我肯定，关注的是人的实践自主权，而不是身体持续存在。理性承担了高于本能的专家的职能（《斯多葛文献残篇》III.178）。因此，当一个人实现了这种理性和自我认同时，他就达到了智者的境界。智者的幸福在于他与自己的本性和周围世界的安排达成了一致。

斯多葛哲学中的 oikeiôsis 理论不仅仅是一种个人主义的理念。相反，斯多葛哲学家认为人类天生具有社会本能（instinctus socialis），在该本能的驱使下，人类以不同程度的共情与其后代、亲属、朋友、同胞和族群建立联系，最终联结到整个人类（《希腊化时期哲学家》57F–G）。然而，如果一个人在人生经历中发现了理性，那么，早期斯多葛学派认为，他就会发现这种共情层级对人类来说是错误的。尚未具备完全理性的生命体为了自我保护而追求社交关系（在这里我们可以称之为以自我为中心的利他主义），但是，具备完全理性的人会意识到，出于理性的原因，每个人的自我保护都应该被肯定。因此，按照斯多葛哲学的理念，智者即世界公民，他们认为人类是一个由所有理性生命组成的群体，而且自身也是这个群体的一部分，因此，彼此之间应该平等对待。智者不再基于自身生存的需要而优先考虑某些特定的社会关系，而是单纯因为友谊本身而与人交往，并且对所有人表现出同样的关心。

在希腊化哲学中，有两个不同的怀疑主义学派：皮浪怀疑主义和学园派怀疑主义。前者的早期主要代表是伊利斯的皮浪（前 365 / 前 360—前 275 / 前 270）和斐利亚修斯的第蒙（约前 320—前 230）。后者的主要代表是阿尔克西拉乌斯（约前 315—前 240）和卡尔内阿德斯（约前 214—前 129）。1 世纪，埃奈西德穆复兴了皮浪主义学派，该学派晚期的主要代表是塞克斯都·恩披里柯（2 世纪末期生活于罗马）。

与近现代不同，古代怀疑主义者的目标不仅仅是否认获得可靠知识的可能性，更从根本上拒绝坚信任何事物。至少，皮浪学派的怀疑主义者会对一切“信条”（dogmata）发起彻底的攻击，旨在推行一种彻底的判断保留原则——无论是来自哲学的知识主张，还是基于个人感知的判断，抑或是来自集体日常信念的观点。而学园派怀疑主义则持有较温和的认知批判态度，一方面认为客观的真实性标准是无法证明的，另一方面则在一定程度上接受分等级的可信度或概率判断。因此，就生活实际而言，学园派对确定性的怀疑比起皮浪学派要温和得多。至于皮浪学派有多么激进，以及像伊利斯的皮浪是如何实践的，这些都可以从第欧根尼·拉尔修的著作中得到了解：

> 根据他的教义，他过着一种忠诚、无畏的生活，对所有遇到的事情都漠不关心，无论是车辆、陡坡还是狗，等等，因为他不重视感知。在他身边的学生们确保他免受不幸的伤害……他活到了 90 岁。

皮浪主义怀疑方法的本质在于，普遍性地避免陈述或判断中的隐含主张：他们通过“悬隔判断”（epochê）

来实践这一方法。他们通常会通过展示对立观点的荒谬或是与对立观点的辩证平衡（isostheneia），来支持这种方法的必要性。同样，怀疑主义者也是幸福论者。在他们看来，幸福在于基于怀疑主义的审慎抑制，使人摆脱先入之见，即“通过论证治愈教条主义者的想象和轻率”（《何谓古代哲学？》III.280 f.）。尽管怀疑主义者对于幸福的达成和获得更加谨慎，但他们和其他希腊化学派一样，认为哲学具有疗愈的特征。怀疑主义者的特别之处在于，他们认为不仅错误的信念会阻碍幸福，连持有信念的行为本身都会阻碍幸福的实现。

第五章

罗马哲学：翻译的成就

古罗马在公元前3世纪和公元前2世纪通过击败强大的北非城市迦太基，在布匿战争中崛起，拥有地中海地区的主导性霸权。最初，罗马的扩张政策专注于西地中海地区，但在公元前2世纪和前1世纪，它也征服了东地中海地区的广大领土，即亚历山大帝国的继业者，其中包括希腊化的国家。公元前30年，随着罗马占领埃及，整个希腊化世界实际上属于罗马。虽然罗马的军事手段一直被证明是优越的，但东部的希腊语文明拥有更发达的文化标准。此后，罗马将希腊文化的成就在修辞学、诗歌、历史写作、戏剧、雕塑和神庙建筑等领域视为楷模。这也适用于哲学，而在此之前罗马没有任何相应的对应物。

在罗马帝国，人们一方面继续以希腊语进行哲学探讨，作为希腊化学派的直接延续。可以肯定地说，在这些辩论中，哲学的真正成就得以展现。另一方面，一些值得关注的作者首次使用拉丁语进行哲学探讨。他们的成就在于成功地发展出了适合于拉丁语读者理解哲学复杂内容的专业哲学术语。虽然我们几乎无法了解当时以逍遥学派、斯多葛学派和中期新柏拉图主义者等为首的希腊语作家的哲学观点，但我们掌握着大量晚期罗马共和国和早期帝国时期的伟大拉丁语作家的著作，包括卢克莱修、西塞罗和塞内卡等。

第一组作者，即使用希腊语的作者，他们继续希腊化时期的哲学。如前所述，他们的传世作品非常有限。这里需要提到的一方面是柏拉图学派，另一方面是亚里士多德学派。

柏拉图学派： 在审视晚期和后期希腊化的柏拉图主义时，最重要的一点或许是柏拉图学派对教条主义的回归。这一转变的关键人物是阿什凯隆的安条克（约前 130—前 68）。他在早期曾经是怀疑论者，后来对真理标准（kritêrion tês alêtheias）的问题给出了肯定的回答，相信知识是可能的。更重要的是，他认为柏拉图是一位形而上学的教条主义者。这使得安条克推翻了当时的柏拉图形象，开启了柏拉图学派历史的新篇章。从那时起，柏拉图学派的成员就成了一些将理念理论与柏拉图的灵魂观相结合，从而形成一种肯定立场的形而上学家。

这一批哲学家中包括许多著名的人物，如亚历山大里亚的斐洛（前15—50）[①]、普鲁塔克（50—120）[②]、盖尤斯（2世纪初）、马多拉的阿普列尤斯（125年左右出生）、努梅纽斯（2世纪）和阿尔基努斯（2世纪）。他们总体上被称为“中期柏拉图主义者”。中期柏拉图主义是一种形而上学的学派，特别是对柏拉图的《蒂迈欧篇》进行了深入的阅读和解释。中期柏拉图主义者认为，柏拉图的造物主创造神德穆革（Demiurg）不仅是一种纯文学形象，还代表着一种独立的精神实体，位于可感知世界之上。此外，中期柏拉图主义还认为，柏拉图希望将他著名的“理念”视为这种造物主智慧的内涵。将这两种想法结合起来，我们可以将这些理念解释为内在于精神的思维对象。因此，理念是神圣的精神中的永

① 一说约前30—45。——编注

② 一说约46—约120。——编注

恒范例，是其构建可感知世界时的基准。

在中期柏拉图主义理论史中还有一些其他值得注意的细节。例如，早在阿尔基努斯时代，神圣的智慧就已被赋予不断思考自我和内在思想的特征。此外，我们在努梅纽斯的思想中发现了一个概念，即类似于普罗提诺后来在新柏拉图主义中提出的三原则理论。与普罗提诺不同，努梅纽斯将三个原则都划归为智慧的形式：根据他的观点，“第一神”是单纯、不可分割和静止的；“第二神”和“第三神”则形成一个统一体，即造物主，他是运动的，能形成物质，自身也是可分的（《努梅纽斯残篇》11/12/16/19）。第一个智慧指向智性，而创造者的智慧（即“第二神”和“第三神”）既指向理念，同时也指向感性世界（《努梅纽斯残篇》15）。“第一神”被视为一种常人无法认知的实体，也是他们不能充分言说的对象，普罗提诺最终将这一主题强化并转化到其第一原则上，但该原则本身并不是精神，而是超越了精神的存在。

盖伦（129—199）[①]是一位重要的柏拉图主义者，他与中期柏拉图主义的模式并不相符。作为医生，他主要因将希波克拉底的体液理论发展为四种人类气质理论

---

① 一说约 129—200。——编注

而闻名（多血质、胆汁质、黏液质、抑郁质）。作为哲学家，他为我们提供了有关柏拉图学派、逍遥学派、斯多葛学派和伊壁鸠鲁学派的学派争论中极为重要的论述；他对情感、意志薄弱和身心关系等主题的评述和立场尤其有价值。

亚里士多德学派：在亚里士多德去世后（前 322），他的学派相较于柏拉图学派发展得不太连续。这主要是因为在希腊化时期，获取亚里士多德的著作受到了很大的阻碍，甚至是不可能的。直到公元前 1 世纪，罗得岛的安德罗尼克斯重新编辑并出版了亚里士多德的作品，这才使我们今天所知的亚里士多德作品集，即“圈内”作品得以重现。然而，亚里士多德的“圈外”作品，也就是他的对话录，至今几乎全部失传。在这些著作被重新发现后不久，人们开始进行大量的评论和讨论；这导致了亚里士多德学派的重生，这个学派也被称为“逍遥学派”（得名于一个游廊，亚里士多德曾在那里讲学）。

在公元 1 年前后活跃的学者阿瑞俄斯 · 迪迪莫斯，虽然可能并不是一个亚里士多德主义者，但他是一位对亚里士多德学派非常了解的专家。他与在奥古斯都大帝时期任职的宫廷哲学家阿瑞俄斯并非同一人。他写了一篇详尽的对亚里士多德学派和斯多葛学派伦理学的分析，保存于斯托拜乌斯的作品中；这部作品可能是一部全面的哲学史。值得注意的是，他认为亚里士多德的追随者拥有自己的“视为己有”理论，而这是一种我们通常认为属于斯多葛学派的概念。在逍遥学派的理论变体中，在亚里士多德学派的理论中，道德主体与其他人之间的亲近关系扮演着一个分级的角色，从最亲近的（如子女和父母）一直扩大到整个人类。

大约从2世纪开始，亚里士多德的密集且晦涩的著作成了激烈评论的对象。这些评论的早期重要代表包括来自阿佛洛狄西亚的阿德拉斯特斯、索西吉斯和墨西拿的阿里斯托勒斯。然而，最重要的亚里士多德古代评论家是阿佛洛狄西亚的亚历山大（200年左右），他同时也是一位独立的、对系统性感兴趣的亚里士多德学派的学者。他在200年左右获得了雅典的一个关于亚里士多德学派哲学的教授职位。亚历山大评论了一些最重要的亚里士多德著作，包括《前分析篇》《后分析篇》《形而上学》（第一卷至第四卷）、《物理学》《论题学》和《论灵魂》。亚历山大的成就之一是，他重新审视和捍卫了《论灵魂》中的质料形式理论。他首次将《论灵魂》第三篇第五章中主动理智与《形而上学》第十一卷第七节和第九节中的自我思考的神紧密联系起来。在他的独立著作《论命运》(*De Fato*)中，他捍卫了亚里士多德的自由意志论，并反对了（斯多葛学派的）决定论。

让我们继续讲讲以拉丁语写作的罗马哲学家：卢克莱修、西塞罗和塞内卡。他们中的第一个是一位重要的人物：提图斯·卢克莱修·卡鲁斯（约前96—前52）[①]。我们对他的生平事迹一无所知，但我们拥有一部题为《物性论》(*De Rerum Natura*)的涉及内容广泛、用六音步写成的说教诗。这首诗表达了伊壁鸠鲁的学说，是古代伊壁鸠鲁主义最重要的证明之一。这六卷书中的前两卷专注于物理学的基本原则。在这里，我们看到了一个沿着德谟克里特和伊壁鸠鲁的传统发展的原子论。据此，世界由两个基本尺度组成：原子和空间。原子是不可分割的、不可摧毁的基本粒子，它们永远在运动。当原子偶然相遇时，它们就形成了更长或更短的"分子"。我们的经验世界中的事物就是这样的原子组合而成的。由于原子只是外在地堆放在一起，因此，我们的世界中的事物本质上也包含空间，并且因此是可分割的。这就是它们与原子不同的地方。在它们的存在终结时，它们又分解成了它们形成时的原子。

① 一说约前99—约前55。——编注

所有原子永远都在运动，而且都沿着同一个方向运动：它们垂直向下落，速度相同。为了让原子碰撞，卢克莱修像伊壁鸠鲁一样认为，有时会发生自发的侧向偏移。这种偏移（clinamen，希腊语为 parenklisis）非常微小；它是无因而发生的，也是不规则的，因此是完全偶然的。与后来的唯物自然主义哲学不同，伊壁鸠鲁主义并没有与决定论联系在一起。相反，偏移学说有目的地引入了一个不确定性的因素。有趣的是，卢克莱修还将之与他的自由意志理论联系在了一起。在《物性论》第二卷 216—293 节中，我们得知人的意志是自由的；明确地说，偏移的学说防止我们认为存在一个无缝隙的、决定每个事件的原因链。为了避免全能的命运的想法，卢克莱修认为，自由意志，例如，我们决定身体运动方向的能力，有赖于偏移的自发性。只有这样才能确保人类精神不受自然的强制支配。

在《物性论》第三卷中，卢克莱修阐述了他关于灵魂的唯物主义理论。对他而言，灵魂并非非物质的东西，因此，也不能独立于身体而存在。他接着提出了一种感性主义的知觉理论；感官知觉是通过从物体中发出的原子模拟（simulacra）来实现的，这些模拟刺激感官器官（第三卷和第四卷）。在第四卷的结尾，卢克莱修提出了他著名的“拒绝爱情”观点，将爱情描述为痛苦和疯狂的。第五卷包含了宇宙学和宗教哲学的思考，以及一种文化起源的神话，其中还涉及一种有趣的语言哲学。卢克莱修一直致力于揭示神的预知或干预作为荒谬的思想，以此消除任何可能影响人类幸福生活的宗教狂热和畏惧。这一主题在第六卷中出现，在这卷中，卢克莱修的目标在于阐明一个论点，即在解释自然现象时完全不需要目的论和超自然的原因。

很难确定，卢克莱修与伊壁鸠鲁的原著之间有多大的渊源，以及他在哪些方面发展了自己的理论，或是至少强调了自己的观点。卢克莱修一个巨大的独创性成就在于，他几乎是从无中创造了拉丁语的哲学专业术语。在这一点上，卢克莱修的成就可与他同时代的马库斯·图利乌斯·西塞罗（前106—前43）相提并论，尽管西塞罗后来影响更大：两位作者都创造了一种拉丁哲学和科学专业术语，这对中世纪和近代早期的欧洲哲学和科学影响深远。

在西方中世纪，尤其是近代早期，卢克莱修也展现出巨大的影响力，尤其是他的自然哲学和原子论自然科学。但从历史上来看，西塞罗无疑是更重要的人物，原因有两个：首先，他作为罗马共和国晚期的修辞家和政治家的多才多艺和卓越之处（这在后来的几个世纪中始终存在于历史记忆中）；其次，他的语言优美且文雅的著作在几乎西方接受史的各个时期都被广泛阅读。西塞罗的哲学成就如下：

1. 在他的哲学著作中，特别是在《论善恶之极》《图斯库路姆论辩集》和《论义务》（*De Officiis*）中，关键的哲学教育从希腊世界转移到了罗马西部。西塞罗是精确的学派教义讲述（Doxographie）大师。公元前 79 年到前 77 年，他前往希腊进行了一次旅行，了解了学园派哲学（在雅典拉里萨的费隆和阿什凯隆的安条克）以及中期斯多葛哲学（罗德岛的波希多尼）。他创作了一系列对话体的著作，其中不同的学派观点相互碰撞。这些对话向我们传递了有关学园派哲学、斯多葛学派和伊壁鸠鲁主义的极其宝贵的材料。

2. 此外，西塞罗还为他发现的哲学素材做出了一系列原创贡献。他最重要的贡献或许是在《论学园派前篇》（*Academica Priora*）、《论学园派后篇》（*Academica Posteriora*）和《图斯库路姆论辩集》中对学园派怀疑论的记述。西塞罗在这里发展了他的论点，即真理是不可达到的。然而，他的真理怀疑主义是防御性的，因此，他认为逐步接近真理是完全可能的。毕竟，根据西塞罗的说法，真理的相似性（veri similis）或可能性（probabilis）是可以达到的。按照西塞罗的说法，人们只是无法确定在某个给定情况下是否真正达到了真理。

3. 此外，西塞罗在某些主题中使用了特定的罗马语言表达方式。年轻时他在前往士麦那的旅途中认识了茹提利乌斯·茹福斯和西庇阿的圈子，后者的主要特点是一种特定的罗马道德精神，即为共和国而奋斗。他试图用他的著作《论共和国》（*De Re Publica*）和《论法律》（*De Legibus*）为柏拉图的主要政治著作《国家篇》和《法篇》写出罗马语境下的对应作品。西塞罗的《论共和国》中的政治理论，特别是关于罗马共和国的部分，将共和国定义为“人民的财产”（res populi）的共同体。在他的宪政理论中，混合了君主制、贵族制和民主制的形式——新的罗马共和国被认为是最好的形式。他的自然法理论（《论法律》I.40–52）也是将早期的斯多葛哲学与特定的罗马观念相结合。一方面，它引入了以理性为标准的合法性自然概念，因此自然应通过其固有的理性为最佳的人类生活方式和国家组织提供标准；另一方面，K.M. 吉拉德认为，西塞罗的《论法律》并不像后来理论史上流行的自然法和实在法的二分法那样解释自然权利［ius naturae，也称自然法则（lex naturae）和永恒法（lex aeterna）]。西塞罗认为，自然法更像是诉诸明文法律的对立面，并因此将之视为古罗马法和其他合法宪制的一部分。吉拉德认为，西塞罗的立场基于一种完全不同的自然法理念，即源自“人的本性”的那些正当法就是自然法；这种基本法律在很大程度上对应古罗马共和国的法律。

4. 最后，西塞罗在《论善恶之极》第三卷第 16—22 节中对斯多葛学派的“视为己有”理论进行了重要的阐述。根据这个理论，每个生物在出生后立即开始为自己而行动，其目的是自我保护。为此，它们追求存在稳定的财产，避免危及生存的恶劣事物。西塞罗进一步指出，对自我保护的自然追求暗示着斯多葛学派对自我感知能力（sensus sui）和肯定的自我关系（se diligere）的理解。接着，西塞罗提到：有价值（aestimabile）的事物可以是自然的或产生自然的事物，而无价（inaestimabile）的事物则相反。因此，道德上合适的行动的第一步（officium/kathêkon）是保持自然状态，第二步是普遍选择自然的事物并拒绝不自然的事物。这第二步，即选择能力（selectio），必须先经历从本能到理性取向的转变；西塞罗说，这种选择能力形成了一个稳定的习惯（指德行），进而导致与自然一致，从而实现了最终的追求目标（vere bonum）。因为，人通过理性认识或理解，而学会了理解“与自然一致”是真正最高且内在可追求的善。西塞罗对斯多葛学派的阐述描绘了一个质的飞跃，即从第一级到第二级的道德上合适的行动的基本变化。这两种行动的形式不同，第一种是通过本能的冲动实现的，而第二种是基于理性的认识。这样，西塞罗的描述使得斯多葛学派的“视为已有”理论可以被视为一种“康德式”的解读，其中“与自然一致”被视为对于主体在内部自我关系中的一种强制的理性命令。

罗马哲学家塞内卡（约前 4—65）也是一位值得关注的历史人物。他是我们所知道的最古老的斯多葛哲学家之一，其完整的著作流传于世。这些著作对于所有古代哲学爱好者来说都非常重要，它们为我们全面了解古代伦理学提供了不可或缺的基础。特别是塞内卡写给玛西亚、波利比乌斯和他的母亲赫尔维亚的慰藉书，以及写给卢基利乌斯的信。这些作品更明确地表明，应当从生活技艺范式的角度去理解古代伦理学（不仅仅是斯多葛学派的伦理学）。伦理学被视为生活技艺，正如我们已经看到的，这是一门哲学学科，它的目标不是解决关于正确行动的理论问题，而是试图使人类生活得更有品质，更合理，更好，总之是更幸福。因此，哲学需要提供一种概念和逻辑上的灵魂引导和治疗。

塞内卡在他的时代是一位充满光彩同时也充满矛盾的人物。他绝不是一个无所事事的独立学者或者一个与世隔绝的学院哲学家，相反，他处在时代的政治权力中心。作为一位富商、尼禄皇帝的老师和顾问、阿格里皮娜皇后的亲信和一位具有影响力的大臣，他在职业生涯中经历了各种高峰和低谷，包括担任高级官员、被政治放逐、官复原职又再次被控告、富有和贫穷、认可和诽谤。早在古罗马历史学家塔西佗眼中，塞内卡的死就是一件值得详细阐述的事，他被指控参与了一场阴谋，因而被尼禄强迫自杀——这几乎成就了一次理想的哲学式的死亡（《编年史》15，60–64）。直至今日，塞内卡的一生仍然为传记作者提供着一个令人兴奋且丰富多彩的话题，曼弗雷德·弗赫曼的《塞内卡和恺撒·尼禄：一部传记》（*Seneca und Kaiser Nero. Eine Biographie*）便是值得一读的一例。塞内卡同时也是一位极受尊敬的悲剧作家，他借鉴了一些重要的希腊戏剧（包括《美狄亚》和《费德拉》）并将之引入罗马世界，从而推动了西方戏剧传统的发展。此外，他凭借杰出的文风、细腻的心理学家的身份跻身人类思想史。他的哲学论著影响了数个世纪，是一份既富有风格又具有高度反思性的阅读材料。

但毫无疑问，最重要的是，塞内卡在哲学上的重要性也应当得到重视。他为哲学思想史做出了一系列原创性的贡献，其中最重要的围绕着三个哲学主题展开。1. 情感理论：在《论愤怒》一书中，塞内卡特别讨论了斯多葛学派的情感理论。和早期斯多葛学派一样，他也认为情感是不理智的，总的来说必须通过情感治疗来克服。但他比希腊化时期的作家更加强调“积极情感”（eupatheiai）的作用，并将“温和”（clementia）也纳入其中。2. 意志概念：塞内卡拥有一个复杂和细致的意志理论。他认为，意志（voluntas）首先是一种精神取向，使行为在道德上正确，并归因于灵魂的基本状态（habitus）。这种“纯净而良好的”意志与道德观念紧密相连。塞内卡将意志视为推动力量，一种坚定追求某事物的能力；因此，他指出了“意志（道德）进步”（velle proficere）的重要意义（《道德书简》71.35 f.）。最后，他的意志概念既可以中性地使用，也可以负面地使用：例如，有时候会出现“缺乏意愿”并声称存在一种无法做到的情况；或者，“欲望不应该是引导者，而只应该做正确而良好的意志的伴随者”。3. 道德教育：在道德进步方面，塞内卡缓和了希腊化时期哲学家的严格主义。他认为，即使某人还没有完全达到“智慧”的境界，即使仍是前进者（proficiens），而非智者（sapiens），在道德上的进步也是有意义的。

在大约公元 55 年写成的论著《论生命之短暂》中，塞内卡提出了从主观时间体验的角度探讨成功生活的问题，这是他的另一重要贡献。在他之前，没有人以相似的深度和现实性探讨过这一问题。这篇文章探讨了许多人对生命过于短促的抱怨，他们认为时间飞逝，生命匆匆而过，还没有真正开始就结束了。

最后一个要介绍的作者是马可·奥勒留（121—180），他虽然使用希腊语写作，但其内容与罗马文化、政治和社会密切相关，因此在这里不应该被忽略。他是一位斯多葛学派哲学家，同时也是一位罗马皇帝。马可·奥勒留在 18 岁时被当时的皇帝安东尼·庇护收养，意外成为皇位继承人。他的老师鲁斯蒂库斯为他介绍了斯多葛学派哲学家爱比克泰德的著作，奥勒留终身深受其影响。马可·奥勒留在 161 至 180 年间统治了罗马帝国，这期间除了内部叛乱之外，他还面临两个重大的军事挑战：东方帕提亚人的威胁以及日耳曼人对多瑙河边境的威胁。历史学家卡西乌斯·狄奥称，马可·奥勒留是一位非常公正且以公共利益为导向的皇帝。

在哲学观点上，马可·奥勒留可以被视为典型的罗马斯多葛学派。与希腊化时期的斯多葛学派哲学家不同，他对逻辑、认识论或语言哲学等技术性讨论不太感兴趣。他的著作《沉思录》(原名 *Ta Eis Heauton*，即《写给自己》) 更关注于成功的生活方式以及将斯多葛哲学应用于日常生活。《沉思录》不是一本系统的书籍，但其中的一些基本主题还是可以辨认出来的。其中一个主题是不断关注我们直接掌控的事物与我们无法掌控的事物之间的界限。这使得马可·奥勒留认识到，命运的大部分是不可控制的。他主张将疾病、死亡和不道德的行为视为自然事件：

> 一切的发生都像春天的玫瑰和收获时节的果实一样普通而熟悉。这包括疾病和死亡、诽谤和追求，以及使愚人感到高兴或悲伤的任何事情（《沉思录》Ⅳ.44）。

马可·奥勒留在这里表达了他的信念，即我们的心理免疫力可以使我们抵御道德上的不良行为，同时带来丰富的内在回报。我们可以退入我们的“内心堡垒”。此外，他强调，“让人感到快乐的是真正地行使人性。真正的人性表现为对同类的仁慈、对感官刺激的蔑视、对诱惑性观念的识别、对全自然及其作用进行思考”（VIII. 26）。在他的《沉思录》的第七卷中，他声称宇宙中的所有实体都彼此紧密联系着。他将这种联系称为“神圣的纽带”（syndesis hiera），并对宇宙的统一特征进行了如下描述：

> 一切如同通过一条神圣的纽带紧密相连，几乎没有什么是彼此陌生的。因为，一切有序，被组织成一个整体的世界。事实上，世界是由所有事物组成的，一个神，渗透万物，一种物质，一种法则，一种理性，是所有理性生物所共有的，还有一种真理，就像只存在一种完美性质适用于所有这些彼此相关的、共享同样理性的生物一样（Ⅶ.9）。

马可·奥勒留的特点之一是他的著作及其中的思想具有实践性。正如皮埃尔·阿多在《内在堡垒：马可·奥勒留导读》（*Die innere Burg. Anleitung zu einer Lektüre*

Marc Aurels）所强调的，马可·奥勒留的《沉思录》并不旨在理论发展，而是意在通过重复和反省进行自我训练。他之所以定期从事写作工作，并不是为了解决斯多葛哲学的理论问题或加入原创性和创新性观点。相反，他的目的是深入了解斯多葛哲学的生活态度，将之融入他的日常生活，并逐渐加强对个人性格的影响力。

第六章

帝国时代和古典时代晚期：异教和基督教柏拉图主义

古典时代的终结可以通过不同的历史事件确定。一种是将君士坦丁大帝的独裁统治（325）视为标志性事件。君士坦丁旨在使罗马帝国统一基督教化，从某种意义上创造了中世纪欧洲的条件。大规模移民的开始也同样可以视作历史转折点，例如，378年的亚德里亚堡之战。因为，随着大规模移民的到来，欧洲和地中海地区的政治和民族情况发生了显著变化。此外，还有一些重要事件，包括410年西哥特人洗劫罗马、476年废黜罗慕路斯·奥古斯都路斯皇帝、西罗马帝国的解体。虽然这些事件也非常重要，但在哲学史上，还有两个重要时间节点：一个是529年东罗马皇帝查士丁尼关闭了始终保持异教信仰的雅典柏拉图学院；另一个是524年罗马哲学家波爱修斯的死亡，他于是年被指控反对意大利西哥特王朝的统治，并被处决。

奥古斯都大帝的独裁统治（前31年起）也许可以看作古典时代晚期的开端。但更为恰当的是以3世纪为起点。因为，自那时起，罗马帝国政治不稳，经济衰弱，只有少数皇帝，如戴克里先和君士坦丁，能够暂时维持一定的秩序。边界不安，几乎整个罗马帝国的领土都遭到了掠夺性的武装袭击，这些团伙大多来自外部，但其中也包括不忠的罗马军队。混乱和无政府状态使得文化教育资源、教学机构和图书馆收藏遭受了严重的损失。在哲学史上引人注目的是，从那时起，几乎就只存在柏拉图派哲学家，无论异教徒还是基督徒。

新柏拉图主义是古典时代晚期最重要的哲学派别，起源于普罗提诺（205—270），该学派在400年左右实际上在当时的哲学界占据了垄断地位。强烈的形而上学取向使新柏拉图主义与众多宗教建立了广泛的联系：最初是传统的多神论宗教，包括奥菲斯教（Orphik）、神智学和迦勒底神谕（Chaldäischen Orakeln）；后来是基督教，其中包括诸如诺斯替派（Gnostische Strömungen）等流派；

最后在中世纪，与伊斯兰教之间也建立了关联。新柏拉图主义的哲学观念得到了广泛的接受，这种影响一直延续到现代。术语“新柏拉图主义”是现代产生的；其古代的代表人物并不认为自己开创了新的哲学方向，只认为是在准确而连贯地诠释着柏拉图的思想。然而，新柏拉图主义者也经常从亚里士多德学派和斯多葛学派的传统中获得灵感。古代新柏拉图主义的主要代表除了普罗提诺之外，还包括他的弟子波菲利、杨布里科斯（245—325）、德克西波、叙亚努、普罗克洛、达马希乌斯、辛普利修斯和约翰·费罗普勒斯。

新柏拉图主义的显著特征与中期柏拉图主义的不同之处在于，它的教义强调绝对的、神性的“太一”（to hen），认为它是一个超越性的原则，整个现实是在一个阶梯式的演变过程中从这一原则中衍生出来的（衍生理论）。新柏拉图主义者认为只有通过一个绝对简单的事物才能充分解释现实的复杂结构。这个阶梯包括四个主要的阶段，除了太一之外，首先是神圣的努斯（ho nous），其次是灵魂（hê psychê），再次是感知世界（ho kosmos aisthêtos），最后是物质（hê hylê）。由于太一是一切的根源，同时也是绝对善的体现，是所有追求的终极目标，因此，我们的思考和认识是无法超越、无法抵达它的。我们只能通过“消极神学”的方式间接地理解它。这种方式意味着排除和弃用所有的谓词和陈述结构，因为它们不适合描述绝对简单的概念。只有使用否定、悖论、最高级、非本义表述、隐喻，以及图像、类比和神话等语言策略。

新柏拉图主义的阶梯化宇宙的核心，在于一个精神（智性的）世界和一个感性（感知的）世界相对应。可以通过感官体验获取的现实被视为比起精神世界来说更低一级的存在，但仍然是一个有价值的精神世界的影像。美学上的美，尤其是在艺术中，将精神世界的完美展现在感性的外在形象中。对于精神宇宙的构思至关重要的是关于神圣智力的学说，其中柏拉图的理念以一个复杂的整体形式被安置其中。人类的任务是通过智性的提升，使自己在智力上向精神世界攀升，从中人类的灵魂得以产生。在这一过程中，新柏拉图主义积极地吸收了许多传统古代宗教、神话和秘教的元素。最后，这种哲学将世界上的恶（物理和道德上的恶）解释为存在的减少，即非存在的东西（普罗提诺）或至少是不独立的东西（普罗克洛）。

唯一记述普罗提诺生平的是他的学生波菲利所写的《普罗提诺传》。根据这份资料，普罗提诺约在 231 年到 242 年期间在亚历山大里亚学习，师从柏拉图主义者阿摩尼阿斯·萨卡斯，后者可能与教父奥利金是同学。242 年，普罗提诺似乎参加了戈尔迪安三世的波斯战役，该战役失败后，他被迫逃亡。他的前半生似乎在埃及度过，自 3 世纪 40 年代中期以来，普罗提诺一直居住在罗马。他创建了自己的学派，学生群体部分由罗马上层阶级组成。普罗提诺甚至受到皇帝加里恩努斯和皇后的青睐。他计划在意大利南部坎帕尼亚地区创建一个名为柏拉图之城的哲学理想城市，但这一计划因皇室内的阴谋而失败。加里恩努斯被谋杀后（268），普罗提诺的特权地位或相应结束，据称他患上了重病，最终去世。在晚年，普罗提诺创作了一系列重要著作，包括普罗提诺编辑的《九章集》(*Enneaden*)，其中 54 篇完整的文章得以传世。普罗提诺于 270 年左右在他的一位学生的庄园里去世，该庄园位于坎帕尼亚地区的明图尔诺。

在普罗提诺的理论中，最重要的一部分是关于“太一论”的思考。其中包括一种唯一论的世界解释方式，认为我们必须假定现实的第一原则，它被描述为太一。从这个原则出发，所有其他实体都产生了，而它本身则超越这些实体。普罗提诺认为，这个原则与柏拉图的善的理念是一致的，这个理念在《国家篇》第六卷中被描述为“存在之上”（epekeina tês ousias）。要理解普罗提诺在努斯的形而上学史上的地位，最好将其置于中期柏拉图主义的背景下。在这个背景下，他采纳了中期柏拉图主义者提出的思想，认为理念内在存在于理智中。普罗提诺强调，理念不应该被定位于“努斯之外”。普罗提诺的创新，或至少是他的创新点在于，他将思想观念视为一个整体来理解：理智内容的每一部分同时也是其他部分，每个部分同时也包含整体；普罗提诺经常通过科学（epistêmê）的例子来解释这一点，其中每个部分都隐含了其他各部分和整体。理智以这种方式同时呈现出统一性和多样性：它形成了一个内部差异化的统一体（hen polla）。这种普罗提诺式构建的一个核心来源可以在阿佛洛狄西亚的亚历山大的作品中找到；在他对《灵魂论》第三卷第 4 节和第 5 节的注解中，已经出现了这样一种思想：努斯思考思维内容（noêta），因此，思维内容必须与努斯在思考行为中合一。

普罗提诺的伦理学围绕着人类灵魂理智“提升”的概念展开；这应通过持续的自我简化和对理智的自我完善来实现。新柏拉图主义的创始人在柏拉图的《斐多篇》（82a）中引用了一组概念，区分了市民美德（politikai aretai）和更高层次的美德［meizous，即净化美德，参见

《九章集》I.2（19）1,16 f.]。但普罗提诺为这对概念赋予了新的含义，即市民美德指适当的性格态度，适用于时空的限定条件下，而更高层次的美德则是在智性和非物质的存在形式中表现出色的精神状态。根据普罗提诺的说法，市民美德至少有两个错误：首先，它们反映了一种整体上不统一的心灵状态，因为四个主要美德是涉及三个不同的心灵部分及其相互作用的；其次，拥有这些美德的人绝不是自由地决定如何行使它们，因为行使它们需要特定的外部环境，例如正义者被迫行动是因为面对不公正 [《九章集》VI. 8（39）5]。波菲利、杨布里科斯和后来的新柏拉图主义者通过强调智性美德，进一步发展和区分了普罗提诺的分层美德概念。

根据普罗提诺的观点，感性美是通过感性物质对理念优越性的"分有"而实现的。这种分有表现在感性物质总是只能短暂地美丽，而理念则是统一的、始终如一的美丽。因此，普罗提诺认为美是"一显现于无限"的意义 [《九章集》I.6（1）3]。尽管在自然界中也存在美，但艺术家的任务并不是简单地模仿自然。相反，他认为真正的艺术家应该从更高的世界汲取灵感："人们必须知道，艺术不是简单地模仿可见的东西，而是升华到理性形式中，这些形式也是自然界的来源。"[《九章集》V. 8（31）1］因此，他接下来通过菲狄亚斯的宙斯雕像作为例子阐述道："菲狄亚斯创造的宙斯不是根据感性的东西，而是按照宙斯想要在我们面前出现时的样子。"

普罗提诺拥有深远的影响史。他最重要的学生波菲利也是一位有着重要影响的学者，他的重要成就包括对普罗提诺论著的分类以及提出柏拉图哲学和亚里士多德哲学之间的和谐论。后期的新柏拉图主义内部出现了明显的重心转移，这源于杨布里科斯的著作，他系统地阐述了有关"太一"下属现实层次（Hypostasen）的理论，并引入了魔法、神谕术和神秘仪式，即与神性进行仪式性接触的方法。自杨布里科斯以来，新柏拉图主义广泛使用文学寓言和词源学，试图从柏拉图的对话细节和暗示中识别世界上所有的秘密。早在杨布里科斯的时代，以及之后雅典的普鲁塔克和叙亚努，就已经出现了这样的想法：人们必须按照一定的顺序研究柏拉图的对话，以便自己的灵魂最大限度地做好准备，接受文本中的真理，这样的顺序是《阿奇拜得篇之一》《高尔吉亚篇》《斐多篇》《克拉底鲁篇》《泰阿泰德篇》《智者篇》《政治家篇》《斐德罗篇》《会饮篇》《斐莱布篇》《蒂迈欧篇》和《巴门尼德篇》。

普罗克洛（412—485）[①]是重要的后期新柏拉图主义者之一。他出生于拜占庭（君士坦丁堡），曾在桑索斯、亚历山大里亚学习，后期在雅典师从普鲁塔克和叙亚努。普罗克洛为柏拉图的一系列重要的著作撰写了注解，如《国家篇》《巴门尼德篇》和《蒂迈欧篇》。此外，他还为亚里士多德和欧几里得的作品作注，并撰写了一些系统性著作，特别是《神学要旨》和《柏拉图神学》。普罗克洛在雅典学院做了近50年的“柏拉图继承者”(diadochos)[②]。在一个几乎完全基督教化的环境中，他始终坚持多神教信仰。

普罗克洛是新柏拉图主义者中具有系统性思维的一位，这一点可以从以下四个方面进行阐释：1. 他试图提出一种关于现实的整体解释，而不仅仅是处理单个问题；2. 他讨论原则性问题，并宣称要提供关于现实的基本或尽可能全面的信息；3. 他将最重要的早期作家及其历史观点化入个人观点；4. 他非常注重严密的逻辑推理、一致性、连贯性、论证力、秩序性和方法性。

普罗克洛声称提供了一个关于宇宙的全面诠释。这种诠释的基础在于形而上学的统一概念。普罗克洛试图

---

① 一说410—485。——编注

② 即学院领导者。——译注

将一切多样性的个体纳入形而上学衍生模型的广泛联系，同时不会过分简化世界的复杂性。因此，他提出了著名原则“万物皆在万物之中，但每个个体的存在方式各异”（panta en pasin, all’oikeiôs,《神学要旨》28/103）。其系统方法的特点是，将特定现象与整体上由新柏拉图主义诠释的现实联系起来。普罗克洛的另一个典型方法是被称为“多重肯定原则”的做法：他试图在尽可能不同的层面上多次确认一个真理。他的目的是通过累积证明其立场的合理性。

普罗克洛认为，在提出一元论的概念时，起点不是任意的，而是要从一些基本且不容置疑的事实出发，因此，他认为，如《国家篇》第六卷中所言，可以发展出一种非假设性的科学（例如他的《〈巴门尼德篇〉注疏》1033 f.）。

此外，普罗克洛还持有一种综合和谐的哲学史观和他认为有价值的宗教传统。他对自己的定位是，为特定的真理赋予应有的地位，调和矛盾之处，纠正前人的错误和不够完满的真理。尤其是在整合和协调方面，普罗克洛对于柏拉图的形象起着积极的作用。他从柏拉图的《巴门尼德篇》的形而上学解释出发，阐释了柏拉图的整个思想体系。

普罗克洛的方法表现出一种前所未有的逻辑性、概念的技术性、术语的一致性和表述的连贯性。此外，他还严格规范化了学校教育中使用的教材和学习课程。这种规范化的基础是灵性上升的概念，即人类灵魂回归其起源。祷告和神秘术的实践也证明，普罗克洛将系统性的统一思想直接应用于日常生活中的问题。

普罗克洛的哲学特点之一是所谓的“本质多元化”。根据普罗克洛的观点，不只有四或五个，而是至少有六个不同的现实层次，它们是太一、存在、生命、思维、灵魂、身体。在更详细的解读中，他对感官世界进行更精确的分类，可以得到九个不同的层次：（Ⅰ）太一，（Ⅱ）存在，（Ⅲ）生命，（Ⅳ）思维，（Ⅴ）灵魂，（Ⅵ）动物，（Ⅶ）植物，（Ⅷ）无生命体，（Ⅸ）物质。普罗克洛是一位极端的形而上学实在论者，他认为他所做的所有概念区分都是真实的区分，并将它们归入一个复杂的等级阶梯中。

尽管“本质多元化”倾向可以追溯到杨布里科斯，但正是普罗克洛根据他所谓的“最小转换艺术”进行了微妙的差别化，从而从整体中展开了多样性。首先包括“太一”和“单一个体”之间的差别化，其次是在理智内部对存在、生命和思维的区分，最后是在每个层次上发展的复杂神祇等级。普罗克洛的宇宙是从以下的本体论阶层秩序的思考中得出的：一切在“太一”之后都反映出两个三元组，即“单一—前进—回归”（monê-prohodos-epistrophê），和“有限—无限—中间”（peras-apeiron-mikton,《神学要旨》146–148）。“有限”和“无限”是直接位于绝对一元下方的原则，用于解释多元的生成。需要强调的是，“中间”（“混合物”）这个表达错误地暗示了“有限”和“无限”应按照亚里士多德的质料形式论解释，相反，每个实体都是“太一”的一种反映，虽然其形式或多或少被削减了。在由这两个原则构成的实体（并因此被视为“混合物”）中，首先要区分三个层次，即存在层次、生命层次和思维层次。在每个层次上，又假设了神的层级：存在层次上的智性神，生命层次上的智性—理智神，最后是思维层次上的理智神。随后一级是灵魂，指的是一种智性的、超越的实体，应该能够产生世界灵魂和个体灵魂。下一级是由自然构成的。普罗克洛认为自然是指控制或引导物质世界的非物质实体。最后是物质世界的阶段，普罗克洛将之称为“身体”（sôma）。

古典时代晚期的基督教作家中，除了少量受到斯多葛学派影响，大部分是中期或新柏拉图主义者。自第二个世纪下半叶起，基督教的辩护者开始借鉴哲学的论证和表达方式。如果放弃哲学的概念工具，基督教就会变成一个粗俗的教派。反基督教的克理索和后来的波菲利的论著中，都能感受到来自受教育的异教公众的嘲笑。因此，基督教作家使用了崇高化、工具化、超越和否定的元素来处理异教哲学，但这依然是使用了其本身的概念工具。此前就已经可以看到宗教启示和哲学的结合，这可以在犹太哲学家亚历山大里亚的斐洛身上看到。斐洛通过将《圣经》和理性论证综合起来，使用柏拉图和斯多葛哲学的概念来解释《圣经》，成为基督教作家的一个重要榜样。基督教辩护者对哲学的借鉴始于查士丁，他在皈依之前就已经是一位哲学家，而在皈依之后仍保留了这一自我认知。他甚至将整个基督教描述为一种哲学，用柏拉图传统中的术语表达为“真正的哲学”。这表达了查士丁的信念，即异教哲学在基督教中得到了完美的实现；由于基督徒“生活在道（即基督）中”（meta logou biountes），因此，他们是查士丁所谓的“真正的哲学家”（《护教篇》46）。特别是亚历山大里亚的克莱芒，在他的《杂记》（*Strômateis*）中进一步阐述了基督教作为真正哲学的这一论点。在希腊东部，作为同时被理解为实践修道的基督教哲学的核心代表，除了克莱芒还有奥利金。克莱芒谈到了一种“为人类服务”的理念，旨在提高人们的道德水平，增进理解和拯救（《杂记》VII.1.3.1）。古代基督教哲学的神秘主义中，柏拉图的“神人同形”（homoiôsis theô）概念十分重要。在西方的拉丁语区，特别是安布罗斯、马里乌斯·维克托里努斯和奥古斯丁，对哲学持有积极态度。奥古斯丁按照西塞罗的说法把“哲学”翻译成了“智慧之学”（studium sapientiae）或“智慧之爱”（amor sapientiae），并认为除了基督教之外，柏拉图主义也超越了单纯的世俗智慧。

希波的奥古斯丁（354—430）可能是西方哲学史上除了笛卡尔和康德之外，唯一能够让我们感觉到亲身经历历史时代转折点的哲学家。在奥古斯丁的传记和思想中，过渡时期的紧张和模棱两可的特点以惊人清晰的形式显现出来。一方面，古代的智识和政治世界是奥古斯丁坚实的基准。他在古代哲学的讨论背景下，接受其知识主义的基本态度，并在处理特定的基督教主题时仍然以古代哲学的主题、教义和方法为指导；另一方面，一些中世纪和近代哲学特有的创新也可以归功于这位教父。这些创新是区别中世纪和近代哲学与古代哲学的特征。

奥古斯丁生活在西罗马帝国最终衰落的阶段。他于354年出生于北非的塔加斯特城，370至373年在迦太基学习修辞学。然而，修辞学上的教育对他来说显得过于表面化。奥古斯丁提到了西塞罗的一篇名为《霍尔腾西乌斯》（*Hortensius*）的哲学论文对他产生的深远影响，激发了他对哲学和世界观的探索。这种探索最初引导他接触到了摩尼教，这是古典时代晚期广泛流传的诸多思想流派之一，它吸取了许多《圣经》元素，但是经过了二元主义的重新解释。奥古斯丁成为摩尼教徒并且一直持续了九年（373—382），直到最终心灰意冷地离开。在这九年中，奥古斯丁的事业也颇为顺利，这位卡迪斯的年轻修辞教授一路走到了罗马，最终进入了米兰的皇宫。在罗马期间，他似乎对新学园派的怀疑论持有同情态度。在米兰，奥古斯丁受到了两个重要的刺激，最终使他成为一名基督教教士。386年的夏天，奥古斯丁经历了一次明显的转变，转向了一种柏拉图化的基督教，这次转变在他的《忏悔录》中被描述为一次高度戏剧化的信仰转变经历。他决定放弃自己的职业生涯，和亲戚、朋友、学生们一起退隐到意大利北部的卡西恰库姆庄园。387年，奥古斯丁受洗皈依基督教。回到米兰后，他全心全意地致力于哲学和写作，打算在非洲过一种修道的生活（388）。然而在塔加斯特，奥古斯丁只能短暂地实现这个修道理想。他在 391 年被迫成为神父，而在 395 年则在教区的压力下成为北非城市希波城的主教，奥古斯丁因反摩尼教和反多纳图斯派的活动很快在非洲主教圈中获得了领导地位。希波城的主教反对多纳图斯派的观点，即教会圣礼的有效性取决于其施礼者的道德尊严。在 410 年之后，奥古斯丁陷入了与伯拉纠派的长期争论之中。这些争论尖锐地针对了奥古斯丁的恩典论。直到他生命的最后几年，奥古斯丁一直在写作三部重要的著作《〈诗篇〉释义》《论三位一体》和《上帝之城》；他在《再思录》中对自己的著作进行了自我批评的总回顾。430 年的 8 月，在汪达尔人包围希波城时，奥古斯丁去世，享年约 76 岁。

奥古斯丁整体上是一位新柏拉图主义者，但同时，他在哲学史上也做出了一些值得注意的创新，其中有三个值得强调：1. "我思"（Cogito）论证，2. 意志概念，3. 世俗自由主义国家模式。

1. 在他的著作中可以找到一系列的内容，以出人意料的方式预证了笛卡尔的 Cogito 论证。因此，哲学史学者有时会谈到"奥古斯丁式 Cogito"。在早期的作品中，这种论证最为明确。例如，在《论真正宗教》中，他说：关注怀疑的行为，人们可以在其中找到一种确定性；对真理的存在表示怀疑的人，可以在他的怀疑中发现一些无法被怀疑的真实。在更深入的观察中，可以看到，奥古斯丁的 Cogito 的主要论据与这样一个论点紧密相连：一个人所“直接信任”的就是他所追求的幸福。

《上帝之城》中的一个相关章节（XI.26）提供了最详细和最有趣的证据。在这里，奥古斯丁反驳了学园派怀疑主义的异议，即使自我的确信主张也可能是一种欺骗。奥古斯丁回应了一个虚构的怀疑主义者的反驳，这个反驳提出了关于自身存在的怀疑：“如果我被欺骗以为我存在，那会怎么样？”这位教父认为，假设我被骗了，以为我存在，那么这个假设本身就暗示着我存在；因此，我的存在是不容置疑的。

2. 在意志理论方面，奥古斯丁同样具有创新精神。在他的著作中可以发现他在多处将“意志”理解为一种极其自由的决策能力，这在哲学史上具有划时代的意义，这种理解方式也成为从中世纪晚期开始占主导地位的概念意义。他试图通过这种创新来应对神的正义问题（Theodizeeproblem）以及人类个人责任问题。这里所指“意志”是内在决策实体，我们通过它来确定责任和可归因性的概念，并将道德成就或罪恶、赞扬或责备、奖励或惩罚归结于意愿。根据意愿动机的善恶程度，我们可以判断一种行为是好还是坏；因此，行为的质量是根据它所依赖的意愿的尊严来评价的。此外，这个实体有一种直接与自我相关的、非本能的非理性能力。它是一种能够产生自发和不确定事件的能力。这种决策和执行的自发性涉及了完全随意处置的能力。因此，即使我们清楚地认识到更优选择的优势，意志也允许我们做出更差的选择，并允许我们在下一刻做出完全不同于之前的行动。这并不意味着意志是非理性的。相反，它对理性和非理性的选择保持中立。对于意志来说，其特征仅在于是经过考虑或有意识的批准，而不是理性的。虽然理性对于一个有意识的决策具有规范性特征：决策应该是理性的，但并非所有有意识的决策都是合理的。最后，意志的特点是它无法完全中断或停止。拥有意志的人一刻也不能摆脱它，举例而言，他会仅凭冲动行动。即使是冲动的非理性行为也必须先由意志实体批准它作为我的行动选择。意志具有做出决定的能力，其决策不再需要进一步的理由。因此，它是解释一个人如何做出罪恶行为的重要因素。

3. 在国家合法性模式方面，奥古斯丁与古代国家建立的主线思路有所不同。他主张国家和法律秩序之所以被合法化，并不是因为它们是神圣公正的表现或映像，而是因为它们造福了所有公民的利益共同体。国家和法律应该被理解为利益保障的工具，作为这样的工具便是合法的。尽管地上之城（terrena civitas）具有相对的合法性，但与上帝之城（civitas dei）是无法相提并论的。毫无疑问，这是一个令人惊讶的观点，对于一个古典时代晚期基督教的作家来说非常出人意料。因为，这种国家基础理论使柏拉图主义者奥古斯丁趋近了近代的契约理论；后者也认为利益的趋同是国家建立的基础，把契约思想作为合法化的基础。然而，近代契约论和其法哲学领域相应的法律实证主义都标志着一种极为反柏拉图主义的立场。

仔细观察后，可以发现奥古斯丁的立场与托马斯·霍布斯的反柏拉图主义契约论并不完全一致。要正确理解奥古斯丁的这一观点，必须首先了解他的 civitas 概念的“追求理论”和形而上学背景。这个概念的内涵远超其表述表面之所及。首先，civitas 一词指的是一个社会群体，即一个城市的公民共同体。其次，作为希腊词 Polis 的拉丁语对应词，它指代具有地理和领土特征的城邦。与 Polis 一词相似，civitas 同时包含了政治和宗教方面的含义；它指的是一个由强制性政府统治下的市民团体，同时也构成了一个宗教共同体。最后，该术语表示的是抽象的城市归属，也就是公民权或国籍。然而，civitas 从未简单地指代国家；因此，civitas dei 并不意味着“神权国家”，正如一些早期的翻译错误暗示的那样，而更像是“上帝之城”或“上帝之共同体”。

奥古斯丁的形而上学 civitas 概念使他产生了一种特有的国家批判方式，最具代表性的是他在《上帝之城》前四卷中对罗马扩张主义的批评。这种批评在第四卷著名的海盗故事中达到了高潮。在这段文字中，奥古斯丁让一位被亚历山大大帝审判的海盗勇敢地回答道：“你难道不是这样征服整个世界的吗？我在我那个小船上被叫作强盗，你在你的大舰队上就被称为元帅。”通过这个故事，奥古斯丁指出了一个关键的政治哲学难题，即如何分辨法律和政治秩序与强盗团伙或犯罪集团之间的区别。重要的是要正确理解导言的意义。“在没有公正的情况下，国家与大盗有什么区别？”有两种解读方式：一种是将“在没有公正的情况下”看作条件，即“只有在没有公正的情况下才会等同于强盗团伙”，在这种情况下，这位教父的意思是，国家在没有公正的情况下就等同于强盗团伙，而在有公正的情况下则不同于强盗团伙；另一种是将“在没有公正的情况下”看作原因，即

“因为没有公正”，在这种情况下，奥古斯丁的意思是，国家和盗贼团伙一样缺乏正义，国家和强盗团伙是无法区分的。

奥古斯丁显然是持有第二种解读的。他并不认为政治共同体比一个盗匪团队更接近于上帝之城。因为，在奥古斯丁看来，上帝之城和地上之城之间没有原型—副本关系；尘世的共同体只是根据目的组成的联盟，最多在程度上有所不同。国家甚至无法接近作为道德共同体的上帝之城。换句话说，奥古斯丁不认为国家和盗匪团伙之间有根本性的区别。

奥古斯丁所预见的，是一种将国家原则与那些对个人救赎有关的公民生活态度和财产观念分离的观念。因此，他的思想体现出了现代的宗教私人化、精神内化以及国家世俗化的特点，而他的思想先于这些在现代社会中被广泛接受的概念而出现。奥古斯丁可能会在某种程度上同意托马斯·杰斐逊的说法：“如果我的邻居认为有 20 个神或者没有神，这对我不会造成伤害。”然而，他的观点不是因为赞同多元化的幸福观念而提出的，而是基于他对末世论的理解，以及他认为世俗社会中的人类无法用自己有限的知识和经验来完全理解神的意志和宇宙的终极目标。因此，奥古斯丁的国家构想本质上并不是自由主义的，但其后果中似乎具有相当大的自由主义潜力。

这本对古代哲学的介绍性小书以奥古斯丁作结，有着深远的意义。他的著作中，一些古代哲学传统中最重要的主题重新出现，有的保留了原来的形式，有些则有所修改。同时，他的著作也标志着一个开始：在西方中世纪，除了《圣经》之外，奥古斯丁的作品无疑是关于信仰、神学和哲学问题中最重要的权威。经院哲学对亚里士多德的阐释在 13 世纪才达到高峰，即使那时，奥古斯丁也没有被亚里士多德所取代。我们可以将奥古斯丁的影响分为三个领域。神学上的奥古斯丁主义是指恩典学说的延续。哲学上的奥古斯丁主义包含了一种涉及哲学与神学关系的论题，它一方面声称神学可以将哲学完美化，但同时也要求对神学内容进行理性的深入探究。最后，在中世纪，政治上的奥古斯丁主义是一种从两个王国的基本对立原则出发的国家理论，一个王国是属于天堂的，另一个王国是属于尘世的。

古代哲学纪年

古代哲学的起点：前 585 年，泰勒斯预言日食。

前苏格拉底时期

泰勒斯 前 6 世纪

阿那克西曼德 前 6 世纪

阿那克西美尼 前 6 世纪

梭伦 约前 640 年—前 570 年

毕达哥拉斯 前 6 世纪

赫拉克利特 约前 520 年—约前 460 年

色诺芬尼 约前 570 年—前 475 年

巴门尼德 前 5 世纪末—前 4 世纪初

爱利亚的芝诺 约前 464 年

麦里梭 约前 441 年

公元前 5 世纪的哲学：自然哲学、智者和苏格拉底学派

阿那克萨戈拉 前 5 世纪

恩培多克勒 前 483/ 前 482 年—前 424/ 前 423 年

留基伯 前 5 世纪

德谟克里特 前 5 世纪

高尔吉亚 前 5 世纪—前 4 世纪

普罗泰戈拉 约前 490 年—约前 420 年

普罗迪科斯 前 5 世纪

希庇亚斯 前 5 世纪

安提丰 前 5 世纪

菲洛劳斯 约前 470 年—约前 385 年

苏格拉底 前 469 年—前 399 年

墨伽拉的欧几里得 前 5 世纪中期—前 4 世纪的前 1/3

安提斯泰尼 约前 445 年—前 366 年之后

锡诺普的第欧根尼 前 412/ 前 403 年—前 324/ 前 321 年

阿瑞斯提普斯 前 5 世纪末—前 4 世纪中期

古典时期：柏拉图和亚里士多德

柏拉图 前 428/ 前 427—前 348/ 前 347 年

尼多斯的欧多克索斯 约前 395 年—约前 342 年

斯彪西波 约前 410 年—前 339 年

色诺克拉底 约前 396 年—前 314 年

亚里士多德 前 384 年—前 322 年

提奥弗拉斯特 约前 372 年—前 286 年

希腊化哲学

伊利斯的皮浪 约前 365/ 前 360 年—前 275/ 前 270 年

斐利亚修斯的第蒙 约前 320 年—前 230 年

伊壁鸠鲁 前 342/ 前 341 年—前 271/ 前 270 年

季蒂昂的芝诺 约前 333—前 262 年

克里安提斯 约前 331/ 前 330 年—约前 230/ 前 229 年

克律西波斯 前 3 世纪

希俄斯的阿里斯顿 约前 4 世纪末—前 3 世纪中期

塔尔苏斯的安提贝特 约前 210 年—约前 130 年

阿尔克西拉乌斯 约前 315—前 240 年

卡尔内阿德斯 约前 214—前 129 年

潘尼提乌 约前 180—前 2 世纪最后十年

波昔东尼 约前 135 年—前 51 年

罗马共和国和早期帝国时代

拉里萨的费隆 约前 159/ 前 158—前 84/ 前 83 年

西塞罗 前 106 年—前 43 年

卢克莱修 前 1 世纪

加达拉的菲洛德摩斯 约前 110 年—前 40 年

穆索尼斯 · 鲁弗斯 25 年—95 年

爱比克泰德 约 50 年—138 年

塞内卡 约前 4 年—65 年

马可 · 奥勒留 121 年—180 年

阿什凯隆的安条克 前 2 世纪—前 1 世纪

亚历山大里亚的斐洛 前 15 年—50 年

普鲁塔克 50 年—120 年

盖尤斯 2 世纪初

马多拉的阿普列尤斯 125 年—170 年之后

努梅纽斯 约 150 年

阿尔基努斯 约 2 世纪中期（？）

阿瑞俄斯 · 迪迪莫斯 前 1 世纪末

盖伦 129 年—199 年

古典时代晚期

奥诺安达的第欧根尼 1 世纪中 / 晚期（？）—1/2 世纪（？）

塞克斯都·恩披里柯 2 世纪下半叶 /3 世纪上半叶

阿佛洛狄西亚的亚历山大 2 世纪—3 世纪

忒米斯提翁 约 317 年—388 年

第欧根尼·拉尔修 约 200 年（？）

阿摩尼阿斯·萨卡斯 3 世纪初

普罗提诺 205 年—270 年

波菲利 234 年—约 305 年

杨布里科斯 245 年—325 年

德克西波 4 世纪

背教者尤利安 约 4 世纪中叶

游斯丁 2 世纪

亚历山大里亚的克莱芒 2 世纪—3 世纪

欧利根 185 年—251 年 6 月之后

马里乌斯·维克托里努斯 281/291 年—365 年

纳齐安的圣额我略 329 年—390 年

恺撒利亚的圣巴西略 330 年—378 年

尼撒的贵格利 335/340 年—400 年

奥古斯丁 354 年 11 月 13 日—430 年 8 月 28 日

卡尔基迪乌斯 约 400 年

亚略巴古的伪狄奥尼修斯 5/6 世纪

叙亚努 约 370 年—432 年

希帕提娅 约 355 年—415 年

普罗克洛 412 年—485 年

达马希乌斯 约 460 年—538 年之后

波爱修斯 480 年—524 年

阿摩尼奥斯 · 赫尔米埃 5 世纪—6 世纪

辛普利修斯 约 490 年—约 560 年

约翰 · 费罗普勒斯 约 490 年—570 年

529 年，查士丁尼皇帝关闭异教哲学学院，古代哲学时期结束。

参考文献

古代哲学的综述性文献

Annas, J. 1993: *The Morality of Happiness*. Oxford.

Bächli, A./A. Graeser, 2000: *Grundbegriffe der antiken Philosophie. Ein Lexikon*. Ditzingen.

Goulet, R. (Hg.): *Dictionnaire des philosophes antiques*. Paris 1989 ff.

Guthrie, W. K. C. 1962–1981: *History of Greek Philosophy*. 6 Bde. Cambridge.

Hadot, P. 1991: *Philosophie als Lebensform*. Berlin.

Horn, Ch./Ch. Rapp (Hgg.) 2008: *Wörterbuch der antiken Philosophie*. München.

Hossenfelder, M. 1991: *Antike Glückslehren. Kynismus und Kyreanismus, Stoa, Epikur und Skepsis*. Stuttgart.

Irwin, T. 1989: *Classical Thought*. Oxford.

Long, A. A. (Hg.) 2001: *Handbuch frühe griechische Philosophie. Von Thales bis zu den Sophisten*. Stuttgart.

Masek, M. 2011: *Geschichte der antiken Philosophie*. Göttingen.

Meyer, S. Sauvé 2008: *Ancient Ethics. A Critical Introduction*. London.

Niehues-Pröbsting, H. 2004: *Die antike Philosophie. Schrift, Schule, Lebensform*. Frankfurt a. M.

Nussbaum, M. C. 1986: *The Fragility of Goodness. Luck and Ethics in Greek Tragedy and Philosophy*. Cambridge.

Ricken, F. (Hg.) 1996: *Philosophen der Antike*. 2 Bde. Stuttgart.

Ricken, F. 2000: *Philosophie der Antike*. Stuttgart u. a.

Ries, W. 2010: *Die Philosophie der Antike*. Darmstadt.

Sedley, D. 2003 (Hg.): *The Cambridge Companion to Greek and Roman Philosophy*. Cambridge.

Shields, Ch. (Hg.) 2003: *The Blackwell Guide to Ancient Philosophy*. Malden u. a.

Shields, Ch. 2003: *Classical Philosophy: A Contemporary Introduction*. London.

Williams, B. 2000: *Scham, Schuld und Notwendigkeit. Eine Wiederbelebung antiker Begriffe der Moral*. Berlin.

Zeller, E. 1856–1868: *Die Philosophie der Griechen in ihrer geschichtlichen Entwicklung*. 6 Bde. Tübingen. (Nachdruck der 6. Auflage von 1919: Darmstadt 2006.)

第一章

Allen, R. E./D. J. Furley (Hgg.) 1970: *Studies in Presocratic Philosophy*. 2 Bde. London.

Barnes, J. 1982: *The Presocratic Philosophers*. London.

Diels, H./W. Kranz (Hgg.) 1912: *Die Fragmente der Vorsokratiker*. Griechisch/Deutsch. 3 Bde. Berlin. (Nachdruck: Zürich 1996.)

Furley, D. 1987: *The Greek Cosmologists*. Vol.1. Cambridge.

Gemelli, L. (Hg.) 2007–2010: *Vorsokratiker*. Griechisch/Deutsch. 3 Bde. Düsseldorf.

Kirk, G. S./J. Raven/M. Schofield (Hgg.) 2001: *Die*

vorsokratischen Philosophen. Einführung, Texte und Kommentare. Ins Deutsche übersetzt von K. Hülser. Stuttgart.

Mansfeld, J. (Hg.) 1983/1986: *Die Vorsokratiker*. Griechisch/Deutsch. 2 Bde. Stuttgart.

Martin, M./O. Primavesi 1999: *L'Empédocle de Strasbourg, Introduction, Édition et Commentaire*. Berlin/ New York.

Rapp, Ch. 2007: *Vorsokratiker*. München.

Riedweg, Ch. 2007: *Pythagoras: Leben – Lehre – Nachwirkung. Eine Einführung*. München.

Schadewaldt, W. 1978: *Die Anfänge der Philosophie bei den Griechen*. Hg. von Ingeborg Schudoma, Frankfurt a. M.

第二章

Buchheim, Th. 1986: *Die Sophistik als Avantgarde normalen Lebens*. Hamburg.

Classen, C. J. (Hg.) 1976: *Sophistik*. Darmstadt.

Flashar, H. (Hg.) 1998: *Sophistik. Sokrates. Sokratik.*

Mathematik. Medizin. Ueberweg: Grundriss der Geschichte der Philosophie 2/1. Darmstadt.

Kerferd, G. B. 1981: *The Sophistic Movement*. Cambridge.

Mansfeld, J. 1986: *Die Vorsokratiker II: Zenon, Empedokles, Anaxagoras, Leukipp, Demokrit*. Stuttgart.

Rudebusch, G. 2009: *Socrates*. Oxford.

Schirren, T./T. Zinsmaier (Hgg.) 2003: *Die Sophisten. Ausgewählte Texte.* Griechisch/Deutsch. Stuttgart.

Schofield, M. 1980: *An Essay on Anaxagoras*. Cambridge.

Vander Waerdt, P. A. (Hg.), 1994: *The Socratic Movement*. Ithaca.

Vlastos, G. 1991: *Socrates, Ironist and Moral Philosopher*. Cambridge.

第三章

Annas, J. 1981: *An Introduction to Plato's Republic*. Oxford.

Barnes, J. 1992: *Aristoteles. Eine Einführung*. Ditzingen.

Barnes, J. (Hg.) 1995: *The Cambridge Companion to*

Aristotle. Cambridge.

Bordt, M. 1999: *Platon*. Freiburg/Basel/Wien.

Campbell, L. 1867: *Sophistes and Politicus of Plato*. London.

Dittenberger, W. 1881: *Sprachliche Kriterien für die Chronologie der platonischen Dialoge*. In: Hermes 16, 321–345.

Erler, M. 2007: *Platon. Ueberweg: Grundriss der Geschichte der Philosophie 2/2*. Darmstadt.

Flashar, H. (Hg.) 1983: *Ältere Akademie, Aristoteles, Peripatos. Ueberweg: Grundriss der Geschichte der Philosophie 3*. Darmstadt.

Görgemanns, H. 1994: *Platon*. Heidelberg.

Höffe, O. 1996: *Aristoteles*. München.

Höffe, O. (Hg.) 2005: *Aristoteles-Lexikon*. Stuttgart.

Horn, Ch./J. Müller/J. Söder (Hgg.) 2009: *Platon-Handbuch. Leben–Werk–Wirkung*. Stuttgart/Weimar.

Kraut, R. 1992 (Hg.): *The Cambridge Companion to Plato*. Cambridge.

Rapp, Ch. 2012: *Aristoteles zur Einführung*. Hamburg.

Rapp, Ch./K. Corcilius (Hgg.) 2011: *Aristoteles-*

Handbuch. Leben–Werk–Wirkung. Stuttgart/Weimar.

Shields, Ch. 2007: *Aristotle*. New York.

Szlezák, T. A. 1993: *Platon lesen*. Stuttgart-Bad Cannstatt.

Wolf, U. 1996: *Die Suche nach dem guten Leben. Platons Frühdialoge*. Reinbek bei Hamburg.

第四章

Algra, K./J. Barnes/J. Mansfeld/M. Schofield (Hgg.) 1999: *The Cambridge History of Hellenistic Philosophy*. Cambridge.

Annas, J./J. Barnes (Hgg.) 1985: *The Modes of Skepticism: Ancient Texts and Modern Interpretations*. Cambridge.

Annas, J. 1992: *Hellenistic Philosophy of Mind*. Berkeley.

v. Arnim, H. 1903 ff.: *Stoicorum Veterum Fragmenta, I–III u. Index*. Nachdruck Stuttgart 1964.

Arrighetti, G. 1973: *Epicuro. Opere*. Turin.

Brennan, T. 2005: *The Stoic Life*. Oxford.

Flashar, H. (Hg.) 1994: *Die hellenistische Philosophie. Ueberweg: Grundriss der Geschichte der Philosophie 4*. 2 Bde. Basel.

Hadot, P. 1995: *Qu›est-ce que la philosophie antique?* Paris.

Hankinson, R. J. 1998: *The Skeptics*. London.

Horn, Ch. 1998: *Antike Lebenskunst. Glück und Moral von Sokrates bis zu den Neuplatonikern*. München.

Hossenfelder, M./W. Röd 1985: *Stoa, Epikureismus und Skepsis. Geschichte der Philosophie.* Bd. 3. München.

Hossenfelder, M. 1991: *Epikur*. München.

Hülser, K. 1987–1988: *Die Fragmente zur Dialektik der Stoiker. Neue Sammlung der Texte mit deutscher Übersetzung und Kommentaren*. 4 Bde. Stuttgart-Bad Cannstatt.

Inwood, B. 2003: *The Cambridge Companion to the Stoics*. Cambridge.

Inwood, B./L. Gerson (Hgg.) 2008: *The Stoics Reader: Selected Writings and Testimonia*. Indianapolis.

Long, A. A. 1986: *Hellenistic Philosophy: Stoics, Epicureans, Skeptics*. London.

Long, A. A./D. Sedley 1987: *The Hellenistic Philosophers*.

Cambridge.

Nussbaum, M. C. 1996: *The Therapy of Desire*. Princeton.

Rapp, Ch. 2010: *Epikur. Ausgewählte Schriften*. Stuttgart.

Sharples, R. W. 1996: *Stoics, Epicureans, and Skeptics*. London.

Usener, H. 1887: *Epicurea*. Leipzig.

第五章

Algra, K. A./M. H. Koenen/P. H. Schrijvers (Hgg.) 1997: *Lucretius and his Intellectual Background*. Amsterdam.

Girardet, K. M. 1983: *Die Ordnung der Welt. Ein Beitrag zur philosophischen und politischen Interpretation von Ciceros Schrift De legibus*. Wiesbaden.

Glucker, J. 1978: *Antiochus and the Late Academy*. Göttingen.

Griffin, M./L. Barnes (Hgg.) 1989: *Philosophia Togata: Essays on Philosophy and Roman Society*. 2 vols. Oxford.

Hadot, P. 1997: *Die innere Burg. Anleitung zu einer Lektüre Marc Aurels*. Frankfurt a. M.

Long, A. A. 2002: *Epictetus: A Stoic and Socratic*

Guide to Life. Oxford.

Maurach, G. 2000: *Seneca. Leben und Werk*. Darmstadt.

Powell, J. G. F. (Hg.) 1995: *Cicero the Philosopher*. Oxford.

Sedley, D. 1998: *Lucretius and the Transformation of Greek Wisdom*. Cambridge.

Wildberger, J. 2006: *Seneca und die Stoa: Der Platz des Menschen in der Welt*. 2 Bde. Berlin/New York.

第六章

Beierwaltes, W. 1985: *Denken des Einen. Studien zur neuplatonischen Philosophie und ihrer Wirkungsgeschichte*. Frankfurt a. M.

Beierwaltes, W. 2011: *Fußnoten zu Plato*. Frankfurt a. M.

Deuse, W. 1983: *Untersuchungen zur mittelplatonischen und neuplatonischen Seelenlehre*. Wiesbaden.

Dillon, J./L. Gerson (Hgg.) 2004: *Neoplatonic Philosophy. Introductory Readings*. Indianapolis.

Dillon, J. 1977: *The Middle Platonists: A Study of Platonism, 80 BC to AD 220*. London.

Fuhrer, Th. 2004: *Augustinus*. Darmstadt.

Gersh, S./M. Hoenen (Hgg.) 2002: *The Platonic Tradition in the Middle Ages*. Berlin.

Gerson, L. (Hg.) 1996: *The Cambridge Companion to Plotinus*. Cambridge.

Gombocz, W. 1997: *Die Philosophie der ausgehenden Antike und des frühen Mittelalters*. München.

Hadot, P. 1968: *Porphyre et Victorinus*. 2 Bde. Paris.

Horn, Ch. 1995: *Augustinus*. München.

O'Meara, D. 1993: *Plotinus: An Introduction to the Enneads*. Oxford.

Sorabji, R. (Hg.) 2004: *Philosophy of the Commentators, 200–600 AD*. 3 Bde. London.

译名对照表

Adrastos 阿德拉斯特斯

Aetius 埃提乌斯

Agrippina 阿格里皮娜

Akademische Skeptiker 学园派怀疑主义者

Alexander der Große 亚历山大大帝

Alexander von Aphrodisias 阿佛洛狄西亚的亚历山大

Alkibiades 阿奇拜得

Alkinoos 阿尔基努斯

Ambrosius 安布罗斯

Ammonios Sakkas 阿摩尼阿斯·萨卡斯

Anaxagoras 阿那克萨戈拉

Anaximander von Milet 米利都的阿那克西曼德

Anaximenes 阿那克西美尼

Andronikos von Rhodos 罗得岛的安德罗尼克斯

Antiochos von Askalon 阿什凯隆的安条克

Antiphon 安提丰

Antisthenes 安提斯泰尼

Antoninus Pius 安敦宁·毕尤

Apuleius von Madaura 马多拉的阿普列尤斯

Archytas 阿尔库塔斯

Areios 阿瑞俄斯

Areios Dydimos 阿瑞俄斯·迪迪莫斯

Aristipp 阿瑞斯提普斯

Aristokles 阿里斯托勒斯

Aristophanes 阿里斯托芬

Aristoteles 亚里士多德

Arkesilaos 阿尔克西拉乌斯

von Arnim, Hans 汉斯·冯·阿尼姆

Augustus 奥古斯都

Augustinus 奥古斯丁

Bias 毕阿斯

Boethius 波爱修斯

Chilon 奇伦

Chrysipp 克律西波斯

Cicero 西塞罗

Clemens von Alexandria 亚历山大里亚的克莱芒

Damaskios 达马希乌斯

Darwin, Charles 查尔斯・达尔文

Demokrit 德谟克里特

Descartes, René 勒内・笛卡尔

Dexippos 德克西波

Dio Cassius 卡西乌斯・狄奥

Diogenes Laertius 第欧根尼・拉尔修

Diogenes von Sinope 锡诺普的第欧根尼

Diokletian 戴克里先

Dionysios I. 狄奥尼西奥斯一世

Dionysios II. 狄奥尼西奥斯二世

Eleaten 爱利亚学派

Empedokles 恩培多克勒

Epiktet 爱比克泰德

Epikur 伊壁鸠鲁

Epikureer 伊壁鸠鲁派

Euklid 欧几里得

Freud, Sigmund 西格蒙德・弗洛伊德

Fuhrmann, Manfred 曼弗雷德・弗赫曼

Gaios 盖尤斯

Galen 盖伦

Gallienus 加里恩努斯

Girardet, Klaus M. K.M. 吉拉德

Gordian III. 戈尔迪安三世

Gorgias 高尔吉亚

Hadot, Pierre 皮埃尔・阿多

Helvia 赫尔维亚

Heraklit 赫拉克利特

Hermann, Karl F. 卡尔・F. 赫尔曼

Hermias von Atarneus 亚特内乌斯的赫米亚斯

Herodot 希罗多德

Hesiod 赫西俄德

Hippias 希庇亚斯

Hippokrates 希波克拉底

Hobbes, Thomas 托马斯・霍布斯

Homer 荷马

Hülser, Karlheinz 卡尔海因茨・胡尔瑟尔

Iamblich 杨布里科斯

Jefferson, Thomas 托马斯・杰斐逊

Johannes Philoponos 约翰・费罗普勒斯

Justinian 查士丁尼

Justinus 查士丁

Kallikles 卡利克勒斯

Kant, Immanuel 伊曼努尔・康德

Karneades 卡尔内阿德斯

Kelsos 克理索

Kleanthes 克里安提斯

Kleoboulos 克莱俄布卢

Konstantin 君士坦丁

Kratylos 克拉底鲁

Kritias 克里底亚

Kyniker 犬儒派

Kyrenaiker 昔兰尼学派

Leibniz, Gottfried W. 戈特弗里德・威廉・莱布尼茨

Leon, Fürst von Phlius 弗利阿斯人的王子里昂

Leukipp 留基伯

Long, Arthur 亚瑟・朗

Lukrez 卢克莱修

Lykophron 吕哥弗隆

Marc Aurel 马可・奥勒留

Marcia 玛西亚

Marius Victorinus 马里乌斯·维克托里努斯

Melissos 麦里梭

Menoikeus 梅瑙凯

Mittelplatoniker 中期柏拉图主义者

Myson 迈森

Nausiphanes 瑙西芬尼

Nero 尼禄

Neuplatoniker 新柏拉图主义者

Neupythagoreer 新毕达哥拉斯学派

Numenios 努梅纽斯

Origenes 欧利根

Panaitios 潘尼提乌

Parmenides 巴门尼德

Perikles 伯里克利

Peripatetiker（Rom）逍遥学派（罗马）

Phidias 菲狄亚斯

Philolaos 菲洛劳斯

Philon von Alexandrien 亚历山大里亚的斐洛

Philon von Larisa 拉里萨的费隆

Pittakos 庇塔库斯

Platon 柏拉图

Plotin 普罗提诺

Plutarch 普鲁塔克

Polybios 波利比乌斯

Porphyrio 波菲利

Poseidonios 波昔东尼

Prodikos 普罗迪科斯

Proklos 普罗克洛

Protagoras 普罗泰戈拉

Pyrrhon von Elis 伊利斯的皮浪

Pyrrhonische Skeptiker 皮浪学派怀疑主义者

Pythagoras 毕达哥拉斯

Pythagoreer 毕达哥拉斯主义者

Raffael 拉斐尔

Romulus Augustulus 罗慕路斯・奥古斯都路斯

Rusticus 鲁斯蒂库斯

Rutilius Rufus 茹提利乌斯・茹福斯

Salonina 萨洛妮娜

Schadewaldt, Wolfgang 沃尔夫冈・沙德瓦尔特

Schlegel, Friedrich 弗里德里希・施莱格尔

Schleiermacher, Friedrich 弗里德里希・施莱尔马赫

Sedley, David 大卫・塞德利
Seneca 塞内卡
Simplikios 辛普利修斯
Sokrates 苏格拉底
Solon 梭伦
Sophisten 智者
Sosigenes 索西吉斯
Stobaios 斯托拜乌斯
Stoiker 斯多葛主义者
Syrianos 叙亚努
Tacitus 塔西佗
Thales von Milet 米利都的泰勒斯
Theophrast 提奥弗拉斯特
Thrasyllos 斯拉苏卢斯
Thrasymachos 塞拉西马柯
Thukydides 修昔底德
Timon von Phleius 斐利亚修斯的第蒙
Xenophanes 色诺芬尼
Xenophon 色诺芬
Zenon von Elea 爱利亚的芝诺
Zenon von Kition 季蒂昂的芝诺

图书在版编目（CIP）数据

古代哲学：从前苏格拉底哲学家到奥古斯丁／（德）克里斯托夫·霍恩著；林晓萌译．—上海：上海三联书店，2024.3

（日耳曼通识译丛）

ISBN 978-7-5426-8334-2

Ⅰ．①古… Ⅱ．①克… ②林… Ⅲ．①古代哲学－哲学史－世界 Ⅳ．①B12

中国国家版本馆CIP数据核字（2023）第244969号

古代哲学：从前苏格拉底哲学家到奥古斯丁

著　　者／〔德〕克里斯托夫·霍恩
译　　者／林晓萌
责任编辑／王　建
特约编辑／张士超
装帧设计／鹏飞艺术
监　　制／姚　军
出版发行／上海三联书店
（200030）中国上海市漕溪北路331号A座6楼
邮购电话／021-22895540
印　　刷／三河市中晟雅豪印务有限公司
版　　次／2024年3月第1版
印　　次／2024年3月第1次印刷
开　　本／787×1092　1/32
字　　数／67千字
印　　张／5.5

ISBN 978-7-5426-8334-2／B·877

定　价：24.80元

著作权合同登记号　图字：10-2022-391 号